フィリピンで働く

海外へ飛び出す②
working in PHILIPPINES

日刊マニラ新聞［編］
The Daily MANILA SHIMBUN

めこん

フィリピンで働く●目次

Information はうしろのページから始まります。

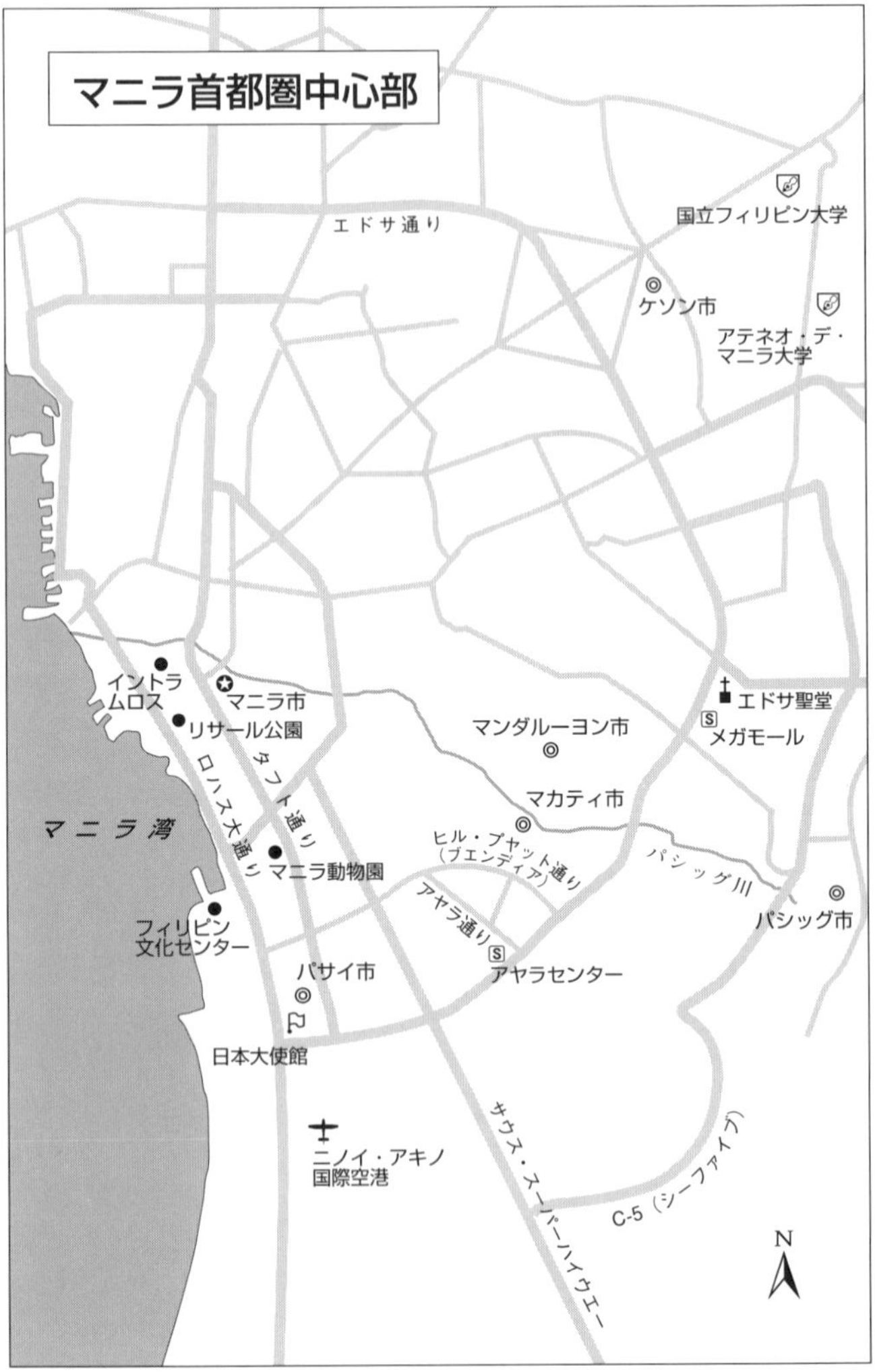

マニラ首都圏中心部
エドサ通り
国立フィリピン大学
ケソン市
アテネオ・デ・
マニラ大学
イントラ
ムロス
マニラ市
リサール公園
マンダルーヨン市
エドサ聖堂
メガモール
タフト通り
ロハス大通り
マカティ市
マニラ湾
ヒル・プヤット通り
（ブエンディア）
パシッグ川
マニラ動物園
パシッグ市
フィリピン
文化センター
アヤラ通り
アヤラセンター
パサイ市
日本大使館
ニノイ・アキノ
国際空港
サウス・スーパーハイウエー
C-5（シーファイブ）
N

マニラ首都圏鉄道路線図

LRT
MONUMENT
モニュメント駅
5TH AVE.
フィフスアベニュー駅
R.PAPA
リカルドパパ駅
ABAD SANTOS
アバドサントス駅
BLUMENTRITT
ブルメントリット駅
TAYUMAN
タユマン駅
BAMBANG
バンバン駅
D. JOSE
ドロテオホセ駅
CARRIEDO
カリエド駅
CENTRAL TERMINAL
セントラルターミナル駅
U.N. AVE.
ユーエヌ
アベニュー駅
PEDRO GIL
ペドロヒル駅
QUIRINO AVE.
キリノアベニュー駅
VITO CRUZ
ビトクルス駅
GIL PUYAT
ヒルプヤット駅
LIBERTAD
リベルタッド駅
EDSA
エドサ駅
BACLARAN
バクララン駅
MRT
NORTH
ノース駅
QUEZON AVE.
ケソンアベニュー駅
KAMUNING
カムニン駅
CUBAO
クバオ駅
SANTOLAN
サントーラン駅
ORTIGAS
オルティガス駅
SHAW BLVD.
ショーボリバード駅
BONI AVE.
ボニーアベニュー駅
GUADALUPE
グァダルーペ駅
BUENDIA
ブエンディア駅
AYALA
アヤラ駅
MAGALLANES
マガリャネス駅
TAFT
タフト駅
Pasig River
パシッグ川

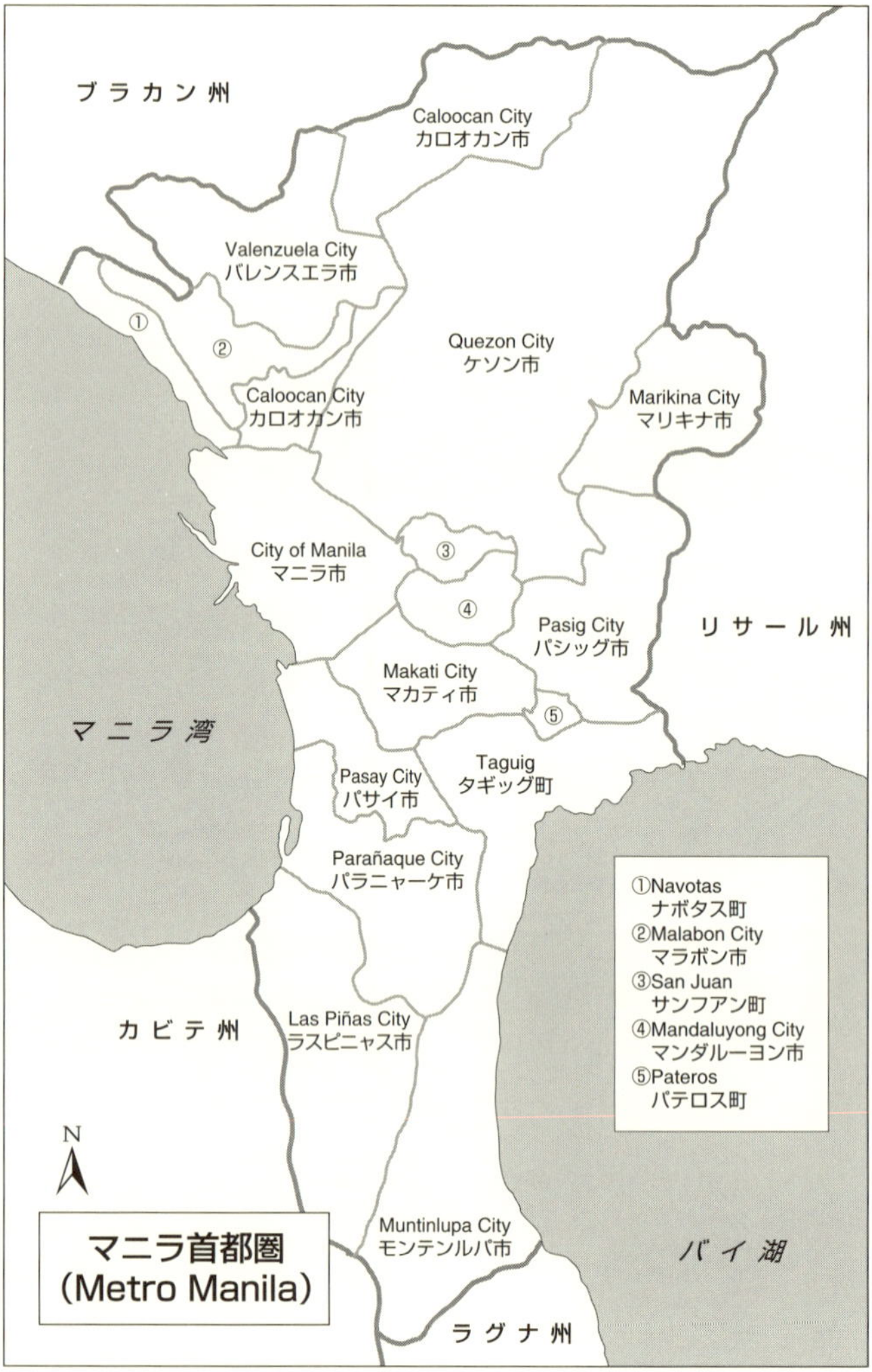
ブラカン州
Caloocan City
カロオカン市
Valenzuela City
バレンスエラ市
①
②
Quezon City
ケソン市
Caloocan City
カロオカン市
Marikina City
マリキナ市
City of Manila
マニラ市
③
④
Pasig City
パシッグ市
リサール州
Makati City
マカティ市
⑤
マニラ湾
Pasay City
パサイ市
Taguig
タギッグ町
Parañaque City
パラニャーケ市
①Navotas
ナボタス町
②Malabon City
マラボン市
③San Juan
サンフアン町
④Mandaluyong City
マンダルーヨン市
⑤Pateros
パテロス町
Las Piñas City
ラスピニャス市
カビテ州
N
マニラ首都圏
(Metro Manila)
Muntinlupa City
モンテンルパ市
バイ湖
ラグナ州

フィリピンで働くということは…

フィリピンの評判

「治安の悪い国」——。こんなレッテルを張られて、フィリピンの評判は日本ではあまりよくない。他の東南アジアの国に比べて、治安が極端に悪いとは思われないが、「負」の部分だけをフィリピンのニュースにしているマスコミの影響からか、こうしたフィリピン観が日本人の間にすっかり定着してしまったフシがないでもない。

個人的な経験だが、以前、「しばらく日本を離れ、マニラ暮らしを始める」と友人、知人に挨拶状を出したら、一〇人のうち九人までが「治安に問題はないのか、大丈夫か」と気遣う返事を寄せてくれた。マスコミ報道の影響力の大きさに改めて驚かされる。

明治の初期だかに、日本に駐在した英国人外交官の妻が「フジヤマゲイシャ」という言葉で日本を表現した。それが一人歩きして、明治、大正、昭和の三代を通じて欧米人の共通した対日観になった。さすがに最近は聞かれなくなったが、「フジヤマ……」は経済成長が軌道に乗りだした昭和三〇年代後半まで続いていた。日本人の対フィリピン観もこれに似ているように思う。

もちろん、「いや、フィリピンは治安がいいよ」とは決して言えない。貧困と同居する庶民が多いので、金品を狙う事件は毎日のように起きている。

日本から深夜便でマニラ国際空港に到着し、やっと見つけたタクシーでホテルに向かう途中、暗がりで車を停められ、拳銃を突きつけられて現金を奪われたビジネスマン。マニラ市内の観光名所、リサール公園で親しげに話しかけられ、すっかり仲良くなった子供連れのフィリピン人に睡眠薬入りのジュースを飲まされ、目が覚めると財布から現金を抜き取られていた観光客……。被害に遭う日本人は絶えない。

登録制ではあるが、フィリピンでは護身用に拳銃の所持が一般人にも認められている。正式に登録されたものだけでも、七三万丁の拳銃を市民が持っている。未登録の拳銃がどれだけあるのか。違法だが二万円も出せば、拳銃を簡単に入手できると聞く。それが「ホールドアップ」事件を生む大きな理由の一つだろう。米国の植民地だった影響が、こんなところにも現れている。

凶悪事件の動機は大半が「物盗り」。それに痴情、怨恨が仲間入りしたクラシックなパターンだ。在住邦人は特別な事情がない限り、まず痴情、怨恨が理由で襲われることはない。

「金持ち日本人」が標的になる物盗りも、用心さえすれば、ほとんどの場合、被害者にならないで済むし、万一、強盗に遭っても、金さえ出せば、命を落としたりすることはない。

しかし、万一日本人がフィリピンで殺されでもすると、必ず日本で報道される。「また、フィリピンか」と、「治安の悪い国」のイメージが増幅される。

ところが、「邦人殺害事件」では、直接手を下す実行犯はフィリピン人だが、背後に保険金詐取などを目的に、「殺し屋」を雇う日本人のいるケースが多い。短期旅行でフィリピンを訪れた日本人が不慮の死に遭うなどの場合、日本人が絡んでいると疑って、まず間違いないようだ。

フィリピンを舞台に日本人が同胞を狙う事件を起こすたびに、フィリピンが評判を落としているとすれば、こんな失礼な話はない。

「一度、人間を殺してみたくなった」「むしゃくしゃしているので、誰でもいいから刺したくなった」……。日本で続発する「理由なき殺人事件」。クラシックな犯行動機のどれにも当てはまらない、このような類の殺人事件はフィリピンにはない。

この国では、親兄弟だけでなく、地域社会で人間関係がことさら重んじられ、大切にされている。話し合う相手がなく、家族、地域社会から疎外され、あるいは疎外されているという被害者意識から孤独感に襲われ、発作的に人を殺すような犯罪はまだない。

国民の多くは貧困層で、しかも家族が多い。「どのようにして寝ているのか」といぶかるほど小さな掘っ建て小屋で、祖父母から大勢の子供たちまでが寝起きしている。同じ集落の住人は、「パキキ・サマ」（助け合い）の精神で互いに面倒を見合っている。都会ではすっかり核家族化してしまった日本も、かつてはそうだった。

こうしたフィリピンの庶民生活を見ていると、「貧しいことは、必ずしも不幸ではない」と思えると同時に、日本で異常な犯罪が起きるたびに「経済的に豊かになったことが、果たして本当の幸せなのか」と、疑問を抱く。

増える日本人渡航者

こんなフィリピンに最近、渡航する日本人が増えている。フィリピンと日本とはまず、距離的に近い。成田、名古屋、関西、福岡各空港からマニラ国際空港への所要時間は、いずれも片道約四時間。時差も一時間しかない。

一九七〇年代からフィリピンに生産拠点を設けたり営業を始めたりする日系企業が増えだしたことが大きな要因で、八〇年には日本人の渡航者が二六万人台になった。クーデター未遂事件や都市テロが相次いだアキノ政権時代の一時期、一二万七〇〇〇人にまで落ち込んだが、ラモス政権が発足した九二年以降、再び上昇傾向を示し、九五年には三〇万人を突破、九九年には前年比七・一六%増の三八万七五〇三人と過去最高を記録した。この年、フィリピンを訪れた外国人の総数は約一九七万人で、日本人は約四六万三〇〇〇人の米国人に次いで二位だった。

しかし、近隣の国・地域に比べると、観光目的で訪れる外国人は極端に少ない。青い海と珊瑚礁に囲まれたビーチリゾートなど自然の景観に恵まれてはいるが、観光名所といえば、スペインが統治中に建てた教会や要塞などに限られている。インドネシア、タイなどのような文化遺産や伝統工芸品、香港のような食べ歩きなどの観光スポットに乏しいからだ。旅行代理店の店頭でも、フィリピンを詳しく紹介した観光パンフレットは見当たらない。

観光客が少ないことは数字が示している。二〇〇〇年に外国人観光客が落とした金を近隣の国・地域と比較すると、香港八〇億ドル、タイ七五億ドル、シンガポール六〇億ドル、マレーシア四〇億ドルであるのに対し、フィリピンは二五億ドルでしかない。

日系企業はマカティ市に集中

フィリピンに長期滞在する邦人は、二〇〇〇年に九二二七人を数えた。内訳は、日系企業、政府関係機関の駐在員らとその家族が七九八〇人、フィリピン人と結婚して永住権を得たり、特別居住退職者ビザ（SRRV）を取得した人が一二四七人となっている。この数は、あくまでも在比日本大使館に在留届を提出した邦人数で、届け出ていない人を含めると、推定で約一万八〇〇〇人がフィリピンで暮らしている。

日系企業の支店や現地企業と合弁で設立した現地法人のオフィスは、フィリピンの金融、経済の中心地であるマニラ首都圏マカティ市に集中している。したがって、在留邦人とその家族の多くは、市内に点在する高級住宅街やコンドミニアム（マンション）に居を構えている。

マカティ市には、高層ビルが林立する近代的なオフィス街、「ビレッジ」と呼ぶ緑豊かな高級住宅街やコンドミニアムの居住地域、飲食店やカラオケクラブが軒を連ねる繁華街が、区分されて広がる。その中心部に高級ホテル、デパートや広大なショッピングモールがある。東京でいえば、大手町のオフィス街と高級住宅地の田園調布、銀座のショッピング街、山手線主要駅周辺の飲食街が隣り合って共存しているような格好だ。

日刊マニラ新聞が出版した二〇〇一年版の『マニラ生活電話帳』に掲載されているだけでも、市内に日本料理店が五三店ある。寿司、天ぷら、焼き鳥、焼き肉、釜飯、炉端焼き、ちゃんこ鍋、ラーメン……。日本食と名の付くものは、なんでも揃っている。

毎夜、ネクタイにワイシャツ姿の日本人駐在員らでにぎわう同市パサイ通りの日本料理店に入ると、「ここは本当にフィリピンか」と、奇妙な思いに駆られる。新橋駅前の路地にある小料理店と全く同じ光景なのだ。

戦前、栄えた日本人町

「名も知らぬ遠き島より……」で始まる島崎藤村が作詞した「椰子の実」の実は、黒潮に乗ってフィリピン群島から流れ着いたのではないかと言われている。

そんな近さなので、フィリピン群島で日本に一番近いルソン(呂宋)島と日本の交易は一六世紀後半から始まっていた。

しかし、日比間の人的交流は、戦後の一九八〇年代にフィリピン人が日本へ出稼ぎに来るまでの四〇〇年近く、もっぱら日本からの「一方通行」だった。

呂宋と日本の交易は、季節風を利用しての航海だったので、日本の船は毎年一月か二月にマニラに着き、六、七月に帰航していた。帰航に適した季節風を待つ船乗りらが滞在し、また異国でひと旗あげようと渡ってきた商売人、職人が増えたため、最盛期には人口三〇〇〇人の日本人町がマニラに誕生した。東南アジアで、最初で最大の日本人町だった。朱印船貿易が活発だった一六二〇年代である。「キリシタン大名」として知られる戦国の武将、高山右近が幕府のキリシタン禁令でマニラに追放されたのは一六一四年のことである。

一八九八年にフィリピンの領有権がスペインからアメリカに移り、アメリカの植民地支配が始まった直後から、種々雑多な職業の日本人がフィリピンへ渡った。中でも多かったのは、「からゆきさん」と呼ばれた娼婦や道路工夫、農夫、大工、漁民、商人だった。

マニラの日本領事館が一九〇三年に調査した在留邦人の「職業別人口表」には、ラムネ製造、アイスクリーム製造、馬車屋、額縁製造、あんま、いれずみ師などの職業が記されている。さらに、一九一七年の調査では、製靴業、裁縫師、金銀細工業、園芸花卉《かき》栽培業、養鶏業から蒲鉾《かまぼこ》製造業と業種が広がっている。

貧しい離島や農村の子女が家計を助けるために海を渡った「からゆき」は、現地に駐留していたアメリカ軍兵士の性的なはけ口になっていた。そんな「からゆき」に対し、八〇年代から、日本で働くフィリピン人女性を「ジャパゆき」と呼ぶようになった。職場は主に日本各地に誕生したフィリピンパブ。しかし、「からゆき」と同じように売春婦と誤解している人がフィリピン人の中にもいるが、暴力団に強制されたりしての例外はあっても、彼女らは売春婦では決してない。

それにしても、「からゆき」と「ジャパゆき」の存在は日比間の「逆流現象」を感じさせないわけにはいかない。

アメリカの植民地支配が始まって以降、フィリピンに出稼ぎに行った日本人について、フィリピン研究者の早瀬晋三氏は次のような要旨の説明をしている。

「雑貨商、行商人、氷水屋、ボーイ、保母、あんま、〝からゆきさん〟といった人との接触が欠かせない職業に就く者が多かったことが注目に価する。彼らはフィリピン人社会に根を下ろし、フィリピン人相手に生活していた。高賃金を期待して出稼ぎしてきた農村出身者と、商才を活かして都市で一攫千金を狙った人びと、いずれも本国日本を捨てるだけの原因のある人びとだった。それだけに、フィリピン人の温かみを知った日本人にとっては、まことに居心地のいいところとなった」(『もっと知りたいフィリピン』弘文堂)

フィリピンにはまる

同じ国を訪れながら、人によって全く違った印象を持つことがある。フィリピンも同様だ。

マニラ国際空港に着くと、ほとんどの日本人はまず、ターンテーブルに「顔」を出す手荷物の遅さにいらいらする。税関の手荷物検査を終えてターミナルビルを出ても、どこでタクシーに乗ればよいのか戸惑う。やっとの思いで車を見つけてホテルに向かう道路は、ひしめき合うバス、ジプニー、車で渋滞が続く。ディーゼル車が吹き上げる黒い煙で行く先はかすんで見える。そんな大通りを信号無視で歩行者が横断する。車窓越しに見る街は、人が溢れ、無秩序でごみごみしている。こんな第一印象をそのまま日本へ持ち帰る。

その一方で、第一印象は同じでも、フィリピン人社会の内側に一歩足を踏み入れて、人間味のある温かさにすっかり惚れ込む人たちがいる。太平洋戦争以前に渡航した人たちに似て、フィリピンは彼らにとって、とても住み心地のいいところのようだ。異口同音に、「ごちゃごちゃした所や汚い所も好き。きれいな国と言われる日本は性に合わないみたい」と定住を思い立ち、職探しをする。

彼らの中には、日本でなら四日もアルバイトすれば稼げるような月給で暮らす人もいる。戦前のような「ひと旗」組や一攫千金を狙う人はほとんどいない。金が目的ではない。心の安らぎが大切なのだ。

定住に至る動機や理由を大別すると、三つのパターンがある。

一つは、高度にシステム化された日本の管理社会に息苦しさを感じ、社会や企業の歯車の一つとなって自分を埋没させたくないとの思いからフィリピンに来た人たちだ。

大学卒業後、一流商社に入社したある人は、上司に命じられた仕事をこなすだけの毎日に疑問を抱き、「与えられた仕事をやるだけで青春を消耗したくない」と二年で退社、フィリピンで職を求めた。「あのままなら、自分で責任の持てる仕事ができるのは課長になってから。つまり、四〇歳になるまで待たなければならない。一度しかない人生。貴重な二〇代、三〇代を会社のために棒に振りたくなかった」と彼は述懐する。また、ある人は、「日本で疑問を抱きながら仕事をしてきたのに比べると、夢のような充実感だ」と話す。

二つ目のパターンは、テレビなどの映像で見た「悲惨で貧しい国」が、日本のすぐ近くにあることを知った人たち。「飽食の時代」に育った日本の若者に「飢え」の経験はない。それが、その日その日の食べ物にもこと欠き、栄養失調になった子供が現実にいることを知り、驚かずにはいられない。

そして、訪ねた現地で二度目の衝撃を受ける。そこで出会ったのは、極貧の生活にもかかわらず、底抜けに明るい子供たちの笑顔と庶民の優しさだった。いずれも日本人が失いつつある「心の豊かさ」。それがきっかけで、この国に魅力を感じ、生活を始めることになる。

最後のパターンは、フィリピンパブでフィリピン人女性と知り合ったのがきっかけになった人たちで、フィリピン人女性と結婚、永住ビザを取得して暮らしている。

現在、日本全国に約七〇〇〇軒あるフィリピンパブで約六万人のフィリピン人女性が働いている。フィリピンパブは、地方都市や小さな温泉町にも存在し、町の社交場にもなっている。外国語を習得するのが得意なフィリピン人女性は、覚えたばかりの日本語と日本の若い女性にはない陽気さで、座を取り持つ。そこでフィリピーナにはまった日本人男性は少なくない。

こうして全国津々浦々に散らばったフィリピーナが、それまで日本からの一方通行だった日比間の人的交流を、初めて草の根で双方向にした。そして、二つの国の距離を縮めた。

太平洋戦争中にフィリピンを占領した日本軍の残虐行為、食糧や資材を現地調達した圧政は、今もフィリピン人の記憶にあり、語り継がれている。戦後五五年を過ぎた今も、反日感情は知識層に根強い。ところが、国民の大多数を占める貧困層出身の彼女らがそれぞれ故郷に戻り、家族や知人に清潔で秩序のある日本の姿を土産話にすることで、庶民の対日感情が大きく変わってきたと言われている。

もちろん、日本人が結婚した相手は「ジャパゆき」とは限らない。フィリピンの大学に留学中に知り合った女性、逆に日本に留学中のフィリピン人女性と結ばれた人もいる。男女の出会いは、日本人同士の場合と違いはない。

フィリピンで働く

日本人がフィリピンで働くには、いくつかの条件がある。一つは、フィリピンに限らないが、海外で暮らすことにしり込みしない性格の持ち主であること。そうでないと長続きしない。

フィリピンで特に要求されるのは英語力だ。短期の観光旅行ではないので、英語が話せないと、働くのはおろか、十分に生活もできないことになる。

あまり知られていないが、フィリピンはアメリカ、英国に次ぐ、世界で第三番目の英語圏で、国民の三〇〇〇万人以上が英語を話せる。米国英語に慣れている日本人は最初、アクセントの違いに戸惑うが、タクシーの運転手やレストランのウエートレスも、平均的な大卒の日本人よりはるかに英語がうまい。

さて、実際にフィリピンで働こうと思った場合、誰でも最初に気になるのは給与のことだろう。

まず、フィリピン人の給与を紹介すると、マニラ首都圏の最低賃金は現在、一日三〇〇ペソ（二〇〇四年一二月、一ペソ＝二円）、月二六日働いたとしても七八〇〇ペソ（一万五六〇〇円）、大卒の初任給でも八〇〇〇ペソ（一万六〇〇〇円）というのが一般的だ。大統領の月収でさえ、五万七七五〇ペソで、円に換算すると一一万五五〇〇円にしかならず、日本企業の大卒初任給よりもはるかに低い。ちなみに副大統領が四万六二〇〇ペソで、閣僚は四万四二五ペソ。

家族の多いフィリピン人家庭では、主人の給料だけで生活を賄うのは容易でない。公務員がサイドビジネスをしたり、主婦が働きに出て、家計を支えているケースが多い。

しかし、給料が高いか安いかの実感は、物価水準と大きく関わっている。日本と比較すると給料は安いが、物の値段も安い。

日本との物価の違いを示す一例としてビールを挙げてみる。フィリピンで有名なブランドは「サンミゲル」だが、缶ビール（三五〇ミリリットル）はスーパーで二三ペソ（四六円）、瓶入りは、酒屋に瓶を返すと、一五ペソ（三〇円）。

また、タクシー料金は、マニラ首都圏で初乗り区間（五〇〇メートル）が三〇ペソ（約六〇円）、以後、二〇〇メートルごとに二ペソが加算されても、六六〇円する東京の初乗り区間（一〇〇〇メートル）が八〇円もしない。物価水準は日本の五分の一以下か六分の一と考えて、まず間違いない。

現在、マニラ首都圏で働いている現地採用の日本人の給料は職種によって異なるが、二万四〇〇〇ペソ（六万円）～六万ペソ（一五万円）というのが目安のようだ。

そして、肝心の就職先。日本人でないと業務をこなせない職種にほぼ限られていて、間口はそれほど広くない。

また、完全失業率が一二%を超える国なので、外国人の労働ビザ取得には厳しい条件が課せられ、入手は簡単でない。労働ビザ（9g）については、Information を参考にされたい。

労働ビザは就職先の会社が申請して取得するのだが、手続きが煩雑で経費もかかるのでいやがる会社もある。だから、会社が労働ビザを取ってくれるかどうかを確かめることがまず必要になってくる。うっかりすると、オーバーステイ（観光ビザの期限以上の超過滞在）で働くということにもなりかねない。オーバーステイではないものの、観光ビザの延長、延長で、労働許可なく働いているケースも現実に多い。

知人、友人のコネがあれば別だが、就職口を探し出すのには一苦労する。情報源の一つは「日刊マニラ新聞」に出ている求人広告。そこにはこれまで次のような職種の「日本人募集」があった。

翻訳、通訳、日系企業秘書、コンピュータープログラマー・オペレーター、人材派遣会社、日本料理調理師、家具塗装、住宅建設施工管理、住宅設計会社の建築士、高級ホテル、旅行代理店、運送会社の日本人顧客業務……（Information *36* ページ参照）。

募集しているのは、日本企業の支店か日比合弁企業、それに日本人の宿泊客が多い高級ホテルなどに限られている。

最近、マニラ近郊の輸出加工区、工業団地に進出している日系企業の中には、経費削減のために駐在員を引き揚げさせ、代わりに能力のある日本人を現地で採用するところが出てきている。今後、この傾向は増えると見られる。

素顔のフィリピン

外務省の推定では、二〇〇〇年に約五九万人の日本人が海外に居住している。在外公館に未届けの人を含めると、鳥取県の人口（約六一万人）より多い。

これだけの人が、アジア、欧米諸国・地域の首都や主要都市を中心に居住しているのだが、いずれの国でも在留邦人の階層構成はほぼ共通している。

「核」になっているのは、大使館員をはじめとする政府関係機関の職員と銀行・証券会社など金融機関、商社、メーカー、報道機関、サービス業など民間企業の駐在員。そして、邦人社会が大きくなるにつれ、日本食レストランをはじめとする「すそ野」業種が広がり、それに、地域の特性に応じた職業の人が加わる。フランスの首都パリなら、画家らの芸術家や日本人観光客を目当てにしたブティック、ブランド商品などを扱う土産物店の経営者、従業員などだ。

ところが、マニラ首都圏で暮らす日本人の階層はとてつもなく広い。そこには、実にさまざまな人がいる。

マニラ国際空港では月に二、三回、入れ墨があり、小指の欠損した日本人男性が入国管理局の職員から暴力団員と断定され、強制退去となっている。だが、全員が退去処分になっているとは思えない。彼らは、「フィリピーナ」や、拳銃、麻薬の密売買が目的らしい。

また、収入も身寄りもない日本人が、フィリピン人に物ごいをしながら暮らしている。いわゆる「困窮邦人」。一九九九年、在フィリピン日本大使館領事部に助けを求めた人だけでも五九人に上っている。

これは極端な例だが、よその国ではあまり見られない。フィリピンの「経済的な貧しさ」とフィリピン人の「心の豊かさ、優しさ」が、いろんな階層の日本人を受け入れる土壌になっている。それに、日本との距離的な近さ、片言の英語が話せれば暮らせるのも大きな理由だ。

しかし、人間味のある温かさが魅力で暮らし始めても、時間にルーズで、交通ルールなどの社会規範を守らず、ミスをしても謝らないといった国民性に出くわすとジレンマに陥る。明治以来、「お上」と呼ばれる官僚主導で社会規範が極度に整備されている日本に比べると、首を傾げることが多い。同じアジアの国だが国民性の違いも大きい。

仕事を見つけて暮らし始めても、都市生活に欠かせないインフラの未整備に不自由さを感じる。端的な例が、ひねれば出るものと疑わない水道の蛇口から満足に水が出ないこと。かなり改善されてはいるが、マニラ首都圏でも停電、断水は珍しくない。

こうした生活の不便さにどれだけの許容度があるかも、フィリピンで暮らす上での重要な尺度になってくる。

現地採用の人は、二、三年で帰国する企業の駐在員とは違い、特別な事情がない限り、勤務年限を切られていない。彼らは、接触するフィリピン人がオフィスの現地スタッフ、自宅で雇うメードやドライバーにほぼ限られている駐在員とは異なり、フィリピン社会に溶け込む機会が多い。

そこでは、週日の夜は会社の同僚らと日本料理店で食事をし、休日は日本人同士でゴルフをして、帰国するまでの日々を過ごす駐在員たちには見えないフィリピンが発見できる。だが、高級住宅で家族ともども優雅に暮らす駐在員とは給与、待遇面で大きな開きがあるのも事実だ。

それでもフィリピンで働くか。すべては、「素顔のフィリピン」のどこに価値を認めて好きになれるかどうかにかかっている。

なお、本書に掲載されている「インタビュー」は浅田光博、山田さやか、Information は加治康男、坂井しをり、澤田公伸、橋本信彦がそれぞれ担当した。文中のペソのレートはインタビュー当時の一ペソ＝二・五円で計算してある。（濱田寛）

インタビュー

1 日本語幼稚園教員 里見弥生子・菊池祥子・赤塚妙

海外だからあまり構えても長続きしません。自然体を忘れないこと。

右から

里見弥生子　*Satomi Yaeko*（32）
一九六七年一〇月二三日生まれ。埼玉県さいたま市出身。
淑徳保育専門学校卒業。二〇〇一年フィリピンへ。

菊池祥子　*Kikuchi Syouko*（27）
一九七四年三月一九日生まれ。奈良県香芝市出身。
京都女子大学家政学部卒業。二〇〇〇年フィリピンへ。

赤塚妙　*Akatuka Tae*（26）
一九七四年八月二九日生まれ。東京都府中市出身。
昭和女子大学短期大学部初等教育科卒業。二〇〇一年フィリピンへ。

勤務先＝オイスカ・マニラ日本語幼稚園
肩書き＝教員
労働条件＝日本の幼稚園教員とほぼ同額の月給。
住まい＝マカティ市内のホテル

フィリピンで働く日本人を大別すると、①どうしてもフィリピンでなければならない人、②海外であればよくフィリピンにそれほどのこだわりはない人、③仕事の都合でフィリピンに来た人——の三つに分けることができるだろうか。

この本に登場するのは、主に①に該当する人。実際、他の国と比較して、フィリピンに強いこだわりを持っている人が多い。その理由をぜひ、読み取っていただきたい。フィリピンにしかない、独特の魅力が見つかるはずだ。

しかし、マカティ市のウルダネタ・ビレッジにあるオイスカ・マニラ日本語幼稚園の里見弥生子さんと菊池祥子さん、赤塚妙さんは②に該当する人たちだ（オイスカは日本のNGO。オイスカ幼稚園は一九八六年一月、在香港日本国総領事館や日本企業の協力を得て香港に設立され、その後、在外日本人教育のノウハウを基に上海、広州へ展開した。マニラ日本語幼稚園の設立は九八年六月）。それぞれ境遇は違うものの、どうしてもフィリピンでなければならなかったわけではない。彼女たちは、日本での生活に飽き足らず、さらなる飛躍を求めて「海外」を選択し、その結果、フィリピンに住むことになった。

マニラには現在、里見さんたちのほか男性体育指導員一人の計四人が、三〇人余りの園児を世話している。園内は、一年中回り続ける扇風機と庭先に広がる熱帯植物以外は、日本の幼稚園と何ら変わらない雰囲気で、マニラ在住の親御さんが安心してわが子を預けることができる環境だ。

「子供のころから、先生になることしか考えていませんでしたね。専門学校を卒業後、地元埼玉県で保母になり、一応願いは叶いました。しかし、一〇年経った時、『これでいいのか』と考えるようになりました」

海外で働くことになったきっかけを、里見さんはこう話す。勤続一〇年間で、ある程度、責任のある仕事を任され、仕事に対する不満はなかった。ただ、このまま何となくレールに乗ったように時が過ぎていくのが怖かった。

ただし、里見さんは出発直前まで、海外へのこだわりは特になかったと言う。仕事を辞めたというのは、自分を見つめ直すことが目的だった。

「けれども仕事を辞めた後、ふと気が付いたんですね。会社組織の仕組みなど、普通のOLが持つような一般常識がないことに。例えば、『部長』と『課長』のどっちが偉いのか分からない。コピーもできないのが一〇年働いた結果でした」

一般企業で働く自信はなかった。かといって、再びそれまでと同じ保母の仕事を始めるのには抵抗がある。そんな矢先、就職情報誌で目にしたのが、海外の幼稚園での教員募集広告。この募集広告は、ぶつかっていた壁を乗り越える大きな出会いだった。文化や習慣が違う国の教育現場——日本人の子供が通うとはいえ、保母という仕事をさらに深める場所だと確信した。

こうして、里見さんは上海のオイスカ幼稚園に赴任し、二年間勤務したあとマニラにやってきた。

一方、菊池さんと赤塚さんは、以前から海外との関わりがあった。二人とも里見さんと同じく日本で幼稚園の教員を経験しているが、常に海外を視野に入れながら仕事をしていたと言う。

父親が商社員で、小学四年から中学一年までの三年間をアメリカで過ごしたという菊池さんは、「海外の日本人幼稚園に履歴書を送り続けていましたね」と話す。赤塚さんも、「学生時代からアジアが好きで、アジア各国を一人旅していた」と言う。

では、マニラの日本語幼稚園の現場はどうだったのか。

日本と近い環境とはいえ、やはり海外の幼稚園。悩みはまず、教材が揃いにくいことだと言う。また、スタッフが少人数のため、いざという時、困った時、的確にアドバイスしてくれる経験者が足りない。新卒の教員など若手はここでつまずく。

「本当に先生をずっと続ける気持ちがあるなら、日本の幼稚園である程度の経験を積んだ方がいいと思います。教員が少ないため重要な仕事を任されますが、保育に関する基礎が身に付きにくいデメリットもあります」

里見さんは、オイスカで働く目的が「保母として」なのか「海外だから」なのかを明確にしなければならないと言う。あこがれだけで、海外生活の一手段という理由だけで、この仕事を選択してもうまくいかない。三人は、「どこの国でかは分からないが、これからもこの仕事を続けていく」という信念を持っていた。

オイスカ・マニラ幼稚園の児童は三分の一が日比混血児である。言葉の問題に加え、混血児の教育には二つの国の文化を理解することが求められる。日本語を押しつけるだけでは教育とは言えない。

「日本でも、日本語が十分でない子や外国人を親に持つ子供を受け持ちましたが、当時は戸惑うこともありました。今後、もし日本に戻ることがあったら、今の経験を生かし自信を持って保育できると思います」

仕事に限界を感じたこともあるが、上海とマニラのオイスカ幼稚園勤務を通して、その奥深さに里見さんは改めて気づかされた。

里見さんは上海のオイスカ幼稚園に二年間勤務していた。赤塚さんも広州で二年間、同園の教員として働いた。菊池さんは、マニラが初めての海外勤務だ。

取材当時、三人ともマニラに来て二ヵ月〜半年と、まだ生活は始まったばかりで、フィリピンについては「なにもかもこれからです」と口を揃えた。

里見さんは、上海での経験を踏まえ、こう意気込む。

「良くも悪くも、オイスカ幼稚園にいるだけでは日本の生活とほとんど変わりません。上海にいた時、中国語を必死で勉強しましたが、使う場所がほとんどありませんでした。フィリピンでは英語が通じるし、今後は積極的に使える環境を整えていきます」

フィリピンで生活する駐在員など日本人の多くは「ビレッジ」と呼ばれる高級住宅街に住んでいる。安全対策などから、ビレッジには許可を受けた人しか入ることができず、一般庶民の社会から隔絶された空間となっている。そこで、運転手やメードを雇って職場との間を往復し、また主婦は家事から解放される。不自由のない生活に見えるが、人によっては暇を持て余してしまう。これが、フィリピンで暮らす多くの日本人のライフスタイルだ。

このような生活では、里見さんのように自らに強い目的意識を課さなければ、外国語の習得はおろか、気がついたらフィリピンが一体どんな国なのか分からないまま、滞在期間を終えてしまうことになる。物価の安さから、日本人が豊かに暮らすことができる半面、求めなければ何も得ることができない、そんな側面がフィリピンにはある。

「日本人でもフィリピン人でもいい、友だちをたくさん作りたい。休みの日にショッピングや食事をしながらお互いの価値観を共有し合えるような、そんな仲になれればいい」

こう話す赤塚さんは、海外を一人旅してきた経験から、誰とでも気軽に話ができる術《すべ》を身に付けた。広州での二年間の任期が終わり、いったんは日本に帰国したが、血がさわぎ、再び海外に「舞い戻ってきた」と言う。

また、菊池さんは、アメリカで身に付けた英語力を活かせる国としてフィリピンを選択した。治安の悪さを周囲から心配されたが、「危ない目に遭うかどうかは、生活の仕方による」と言う。

治安について話が及ぶと、「自分次第」というのが三人の共通の意見だった。

治安が悪い国というレッテルを張られているフィリピン。政治や宗教が絡む暴動やテロ事件などが続発していることも、犯罪組織の潜伏地となっていることも事実だ。しかし、フィリピンで生活している日本人は、「思っていたほど危なくない」という実感を持っていることが多い。日本と比較すれば危ないことは間違いないだろうが、それは他国でも同じだ。

この国で狙われやすい日本人は、大金を手に無防備に夜の街を歩き、金の力に任せて図に乗る一部の人たちだ。彼らの方に責任があるという見方もある。隙のある人間にはとても危険な国ではある。

里見さんも赴任直後、ショッピングセンターでスリに狙われた。しかし、それもバッグのチャックを開け放っしにしておいたからだと、反省している。

暴動やテロについても、発生するのは一部地域に限定されていて、「フィリピン、イコール危険」と考えるには根拠は薄い。日本の皇居前で暴動が起きても大阪の人は身に危険を感じないだろうし、無差別テロや理由なき殺人の発生率は、逆に日本の方が高いかもしれない。「警戒しすぎて、フィリピンの素晴らしさまでも見落としてしまうのは最悪です」と里見さんは強調した。


三人は、同園が借りているマカティ市内の長期滞在型ホテルに住んでいる。休日、家でほっと一息つくのが現在の楽しみだ。家財道具も一通り揃い、自炊もしている。ちなみに給与は、日本の幼稚園とほぼ同額。月の生活費は二万ペソ程度で、貯金も十分できると言う。


取材が終わり、「写真を」とカメラを向けた。「自然に会話してください。『モーニング娘。』の新曲、知ってますか」と振ると、あれこれと芸能界の話題が広がった。最初は少し緊張ぎみだった三人だが、最近のヒット曲の話をしているうちに表情もほころんできた。

「海外だから、とあまり構えても長続きしません。『自然体』を忘れないことが大切です」と里見さん。それがきっと良い保育につながるのだろう。

日系商社勤務

❷ 須藤篤志

Sudo Atsushi

ごちゃごちゃした所や汚い所が好き。日本は性に合わないみたい。

一九六六年一一月二日生まれ(34)、東京都葛飾区出身
埼玉大学、フィリピン大学大学院卒業。一九八八年フィリピンへ。
勤務先＝日系商社
肩書き＝なし
労働条件？
住まい＝マカティ市内のビレッジ在住

「今までの人生で、遊びに行った国はフィリピンしかないんですよ。フィリピンしか知らない」と須藤篤志さんは笑顔で答える。フィリピンに寄せる想いは、他の国への興味を沸かせないほどに強い。

取材で訪れた日、横に妊娠二ヵ月半という妻がいた。須藤さんの手をしっかりと握っている。フィリピンに住みたいという長年の夢を実現させた須藤さんは今、フィリピン人妻と幸せな家庭を築いている。

高校三年生の時、須藤さんは地理の授業で、スライド「ミンダナオ島のバナナ農園で働く労働者の生活」を見た。そのスライドが、フィリピンに興味を抱くきっかけになったと言う。

「段ボール箱に住んでいる人々は強烈な印象でした」

日本で見ることのない凄惨な生活ぶりを伝えるスライドに、一八歳の青年は心を奪われた。好奇心が抑えられない。

「どんな国なんだろう、どんな人々が住んでいるのだろう、もっともっと知りたい」

その気持ちは徐々に膨らんでいく。

高校を卒業して埼玉大学教養学部（国際関係論専攻）に入学した。そして二年の時、ある旅行代理店が主催したツアーに参加して、初めてフィリピンを訪れた。行き先は、お決まりの観光旅行ではなく、「悲惨で貧しい場所」だった。

マニラ市にある巨大なごみ集積場「スモーキーマウンテン」や砂糖の島と呼ばれるネグロス島。ネグロス島はフィリピン最大の砂糖生産地として有名だが、近年の砂糖産業の衰退の中で、住民の栄養失調問題が深刻化し、「飢餓の島」として知られている。実際に、自分の目でネグロス島の子供たちを見て、身につまされる思いがした。

「テレビでアフリカの子供を見たことがあるでしょう。お腹がぽっこり出てしまった子供たち。そういう子供たちがたくさんいたんです」

あわただしい五日間の旅程は、あっという間に終わる。

「ごちゃごちゃした所や汚い所が好き。きれいな国と言われる日本は性に合わないみたい」

フィリピンに惹かれていった理由をそう説明する。

「マニラ国際空港で、帰国の飛行機に乗った時、また、来ようと思いましたね。この国をもっと知りたかったからです」


大学時代に結局、フィリピンを五回訪れた。一回目の旅行で知り合いになったサトウキビ農園の人々とは、その後も手紙を通して交流を深めていた。

「二回目以降の旅は、友人たちに会いに行く感じでした。農園に泊まりこみ、一緒に仕事をさせてもらうこともありました」。そして、「旅行で行くのはもうやめよう、住みついて、この国を知りたい」と思うようになった。

大学四年になり、進路を決める時期に入っていた。まわりでは、紺色のスーツに身を包んだ友人たちがせっせと会社を訪問し、就職活動に専念していた。須藤さんは、就職活動をするかどうか迷った。将来、フィリピンに住むことを前提に考えると、現地に駐在員を派遣している企業を選ぶのが理想だった。

「しかし、必ずしもフィリピンに駐在できるとは限らないし、いつ行けるかどうかも分からない。

現地採用ということも考えましたが、日本で卒業した者にとって、かなり現実味に乏しいような気がしていました」

そして得た結論は「学生として住む」方法だった。大学に入学すれば、学生ビザが難なく取れ、ビザの期限を気にする必要はない。

埼玉大学を卒業すると、フィリピン大学（UP）大学院に入学、フィリピン文化を学術的および歴史的な観点から学ぶフィリピン研究専攻科に籍を置いた。

最初の三年間は、ケソン市でサリサリストア（雑貨屋）を開いているフィリピン人家庭に下宿した。店番を手伝いながら生のタガログ語を学んだ。

「店にはいろんな客が来るんです。フィリピン人は洒落が好きみたいで、店にはいつも笑い声が絶えなかったんですよ」

店番の経験から、修士論文は「フィリピン人の冗談」がテーマ。フィリピン人の笑いの秘密を文化人類学的に研究した。修士論文に時間をかけて取り組んだため、大学院を卒業するのに五年かかったが、フィリピンでは最高の学生時代を送ることができた。

「日本での大学生活は面白くありませんでした。フィリピンでの学生生活は、言うなれば私の『青春』でしたね」

須藤さんはフィリピンの衝撃的な映像を原点にフィリピンに魅せられ、大学卒業後、就職していった友人たちに惑わされることなく、自分の決めた道をまっすぐ突き進んだ。そこには「フィリピンが好き」という単純な気持ちしか存在しなかったのかもしれない。

そして、学生生活にピリオドを打つ時期が来た。「フィリピンと日本のどちらの国で働くか」――。新たな選択を迫られた。

須藤さんは結論として日本を選んだ。日本で社会経験を持っていないことが負い目になり、将来、日本で過ごせなくなるのではないかと不安になったからだ。

一九九四年。五年ぶりに帰国した日本では、バブル経済が崩壊し、不景気への道をたどっていた。帰ってきたものの、就職先が見つからない。

就職活動に行き詰まりを感じていた時、知り合いを介して紹介されたのが、留学時代に覚えたフィリピノ語を生かせる警察での通訳の仕事だった。

日本へ出稼ぎに行くフィリピン人が年々増加するのに伴い、雇用上のトラブルなどに巻き込まれるケースが後を絶たなかった。取り調べる警察とフィリピン人の通訳として、社会生活の第一歩を日本で踏み出した。

「五年ものブランク、職探しの厳しさ」を味わった後だけに、日本の組織の中で働き始めて、「ようやく日本の社会に無事軟着陸した感じ」だった。

日本の組織に早く馴染んで仕事をこなせるようになりたい。そんな思いで、須藤さんは二九歳からの四年間、通訳の仕事に没頭した。

しかし、彼は「このまま日本でずっと生きていこう」とは考えなかった。日本にいても、フィリピンへの想いは弱まらなかったからだ。

「インターネットで勤務地をフィリピンと特定して求人活動をしている会社を探したり、電子メールで心当たりのある会社に履歴書を送ったりしていました。幸い、ある中小企業からフィリピンで働くことを条件に内定をもらったのです」

そして、四年ぶりに戻ってきたフィリピン。「また帰ってきたぞ」という感じだった。しかし、フィリピンに戻る糸口になった仕事は、長くは続かなかった。次の仕事を探している時、大学院時代の友人が仕事先の知り合いを紹介してくれた。日系の商事会社だった。

「それが今の上司なんですよ。面接の時、ゼロから覚える覚悟はあるのかと聞かれました。これまでの自分の社会経験は、警察での通訳しかない。業界も職種も全く違う。だけど、何としてもフィリピンで働いて、住みたかったのです。自分のそんな気持ちを尊重すれば、できないことは何もないはずだと思いましたね」。自然に、「何でも覚えます」と口に出していた。

今の会社に入社して、まだ三ヵ月弱。営業部での仕事は覚えることばかりで、毎日、毎日が大変だ。

妊娠中の妻とは大学院時代からのつきあいだ。八年の長い交際を経ての結婚だった。日本にいた四年間は、続くのかどうか半信半疑の遠距離恋愛だった。ところが、再びフィリピンに戻ってきた時、彼女は待っていてくれた。だからこそ、自分の生活がひとまず落ち着いた時、結婚しようと思った。単身でフィリピンに渡ってきてから、ずっと自分の好奇心に流されるまま生きてきた人生だったが、守るべき人間が近く二人に増える。

フィリピン人の彼女と結婚したため、「13e」という正式な永住ビザ（現在は仮永住ビザ）が近く取得できる。長年の夢だったフィリピンに住むことが現実のものとなり、今は仕事も家庭も安定してきた。

インターネットや新聞での就職情報収集、人からの紹介、彼はフィリピンで住むためにあらゆる努力をしてきた。

「日本にいても、フィリピンにいても、仕事探しは大変でしたね。現地採用で職を見つけようと思えば、知り合いの縁とか『日刊マニラ新聞』を見るしかない。情報源があまりないから難しいんです。今の自分があるのは間違いなく、フィリピンで出会った人とのつながりがあるからです」

ミンダナオ島の衝撃的なスライドを見て以来、フィリピンの虜になってしまった高校生がフィリピンに住むという夢を実現させた。夢を実現させるには、フィリピンへの絶えることのない想いと「行動力」だということを、須藤さんは教えてくれた。

すし職人
❸ 山崎清孝

Yamazaki Kiyotaka

日本語を覚えろなんて従業員に言っていたころが懐かしく思えますよ。

一九四六年八月八日生まれ(54)、北海道夕張市出身。公立継立中学校卒業。一九九六年フィリピンへ。
勤務先＝すし・割烹「花清」
肩書き＝マネージャー兼店長
労働条件＝月給約一一万ペソ
住まい＝カビテ州イムス町に一戸建て建築中。約一二〇万ペソ

実兄からフィリピンですしをにぎる話を聞いた時、山崎清孝さんは心身ともにボロボロの状態だった。

一九八五年、三八歳の時、筋肉が硬直して立ち上がることもままならない「バセドー病」を患い、死ぬ一歩前まで来ていたのである。一時は八〇キロもあった体重は半分の三九キロにまで減っていた。

入退院を繰り返し、奇跡的に快復したものの、

カウンター越しに客と談笑していた時の面影など、どこにも残っていない。

「なじみ客にこんな姿なんか見せられねえ」

鏡を見るたびに、仕事に復帰する気が薄れていった。

すし職人として一時は東京・新大久保に店を持つまでになっていたが、病気のせいで店はつぶれた。その後は兄が経営する飲食店の手伝いやパチンコ屋の住み込み店員、日雇いの肉体労働などをしながら何とか食いつなぐ日が続いた。

「フィリピンだよ、フィリピン。お前、いい加減にすしをにぎれよ」

兄は飲食店経営の傍ら、一年の半分をフィリピンのリゾートで過ごすという優雅な暮らしを送っていた。その兄の知人が、マニラでオープンするすし割烹の職人を探している——故郷の北海道夕張市に帰っていた時、そんな話が持ち込まれた。一九九六年六月、四九歳の時のことだ。

聞いてみると、西洋料理店を経営する日本人がすし屋を開こうと思い立ったが、職人が決まらないまま開店日を迎えようとしているという。「七月にはマニラに入ってほしい」という急な話だった。

「フィリピンといえば、以前兄の店の厨房にフィリピン人がいたな。あのフィリピンか。いっちょうフィリピンで人生やり直してみるか」

マニラ行きを決心したのは六月末。翌七月一〇日、初めてフィリピンの地を踏んだ。

早速、その店「花清」を訪れたが、洋食の専門家が作った店は、すし職人に言わせれば少し物足りない。それに、店内には電話もエアコンもなかった。カウンターの改造から始め、電話が付いたのは一〇月、エアコンは一一月。ことがスムーズに進まないフィリピンの洗礼をいきなり受ける形となった。何とか思い通りの内装になったのは半年後だ。

「花清」には現在、山崎さんを含む三人のすし職人など、二〇人の従業員がいる。山崎さんは店長を兼任しているが、日本人は山崎さん一人だけ。まず直面したのは、言葉の問題だ。

「とにかくこっちは中学しか出てないから、知ってる英単語なんてほとんどない。すし屋なんだからフィリピン人が日本語を覚えてくれるだろうと思って、『スタディ・ジャパニーズ！』なんて叫んでましたよ」

ただ、日々の仕込みや調理方法などを教えなければならないため、彼らが日本語を覚えるのを待っていられない状況だった。また、日本人客中心の店とはいえ、フィリピン人の客とのコミュニケーションがどうしても必要で、山崎さんは渋々、フィリピン人の会話に聞き耳を立てることにした。

「最初に、『メロン（ある）』『ワラ（ない）』を覚えたんですよ。これは結構使える単語です。また、フィリピン人の客がグラスを持って『イエロー』」と叫んだ後、何かと思えば『氷』が出てくる。『なるほど、イエローは氷か』とね」

そんなことを繰り返しながら、少しずつコミュニケーションの幅を広げた。「三年かかった」と言うが、現在では難しいことは分からないというものの、何とか言葉の壁は克服した。

「余談ですがね。唯一日本語が少し話せる店の女の子にフィリピノ語を教えてもらっていたんです。けれども彼女は田舎の出身で、私が最初に話していた言葉にはひどいなまりがあり、日本でいえば東北弁みたいなものだったらしい。言葉の分かる日本人から『なんでそんなになまってるんだ。誰に教えてもらっているんだ』って笑われましたよ」

山崎さんは現在、五四歳。フィリピンに来てから五年が過ぎた。言葉の問題はある程度克服したものの、それと同時にほかの従業員から聞きたくない話も聞かなければならなくなった。特に多いのが借金の依頼だ。

フィリピンは、金に限らず貸した物がほとんど返ってこない国だ。「『貸せ』は『くれ』の意味」だとよく聞く。山崎さんもこれまで何人かに合計数十万ペソを貸したが、ほとんど戻ってこなかった。金を借りるような人間に限ってすぐに店を辞め、居所が分からなくなってしまう。日本人というだけで金持ちだと思われてしまうのは、この国での宿命といえよう。時には、金づるとしてはめられることもある。

こんなことがあった。ある女性従業員が、山崎さんに一万ペソ借金した。その後、店を辞めたが、たまたま会う機会があり、返すよう催促した。すると別の日、他の従業員に「ヤマザキには体で返した」という信じられない嘘をついたという。

また、店内に数十個あるスポットライトがしょっちゅう切れたことがある。一個一五〇ペソ（約三七五円）で、フィリピンでは安くない代物だ。フィリピン製は粗悪だなと思いながら、山崎さんはいつもある従業員に買いに行かせていた。しかし、その従業員がある件でクビになった後、ピタッと切れなくなった。しかも別の従業員が買いに行くと、実は一三〇ペソだった。

「貧しいのかもしれないが、こんなことが続くと情けなくなってきますよ」

多くの人があこがれる海外生活は、一方で失望と闘うことともいえる。何度旅行しても、いくら情報を集めても、生活しなければ見えてこないことが数多くある。

ライトの件では、店の領収書も毎回添えられていた。店員も平気で違う金額を書く。ぐるになって山分けしていたのだろう。こうなったら、誰も信用できない。

ウエーターに包丁で切りつけられるという、殺人未遂まがいの経験もした。ある従業員に汚くなった壁を磨くように言ったが、いつまでたってもやろうとしない。それを厳しくとがめたところ、血相を変えて包丁を手に切りかかってきた。ほかの従業員が止めに入り難は逃れたが、二人の従業員が腕などを切られる騒ぎとなった。他人の前で怒ることは、フィリピンではタブーだと後で聞いて、初めて理由が分かった。フィリピン人は誇り高い国民なのである。

「これらは悪い例ですけどね。ただ、習慣の違いについてはいろいろと考えさせられますよ。フィリピン人は、その日だけで次の日のことを考えない。明日の打ち合わせをしても無駄ですね」

ただ、その根底には今日という日を精一杯楽しく生き、明日のことは明日考えるというフィリピン人ならではの気質がある。貯金を使い切れずに死んでいく日本人が、彼らにとっては全くの常識はずれに映るようだ。

しかし、フィリピンでの生活が三年目に入ったころ、山崎さんはフィリピン人に対する見方が変化していることに気が付く。カウンターから店内を見ていた時、駐在員らしきビジネスマンがあからさまに見下した態度で従業員に接していた。

「多分ね、これまでもこんなことはしょっちゅうあったんだと思います。しかし、そういう態度が、急に目に付くようになったんです。腹が立ったんです」

給料日、店の前で待つ母親に、そっくり給料を手渡す従業員。彼らを飲み食いやカラオケなどに連れて行くと、本当に楽しそうにしている。

「家族思いの優しい人間です。その国で私は働かせてもらっているんです」

妻ヨランダさんと出会ったのもこのころだ。ヨランダさんは六人姉弟の長女で、姉弟と両親を養うためホステスとして働いていた。

「同情という言葉を使いたくないんですが、何とかこんな人たちを助けてあげたい、そう思うようになったんです」

日比国際結婚のカップルには、金でつながっていると言わざるを得ないような夫婦も多い。それが一概に悪いと言うことはできない。フィリピン人妻は、一方で両親や姉弟、親戚に至るまでの生活を見ている場合もある。ただ、山崎さんは金で解決できるような問題ととらえたくなかった。そのため、結婚前にヨランダさんに一切金を渡さなかったという。

「当然、日本語が使えないので、そんなに深い話はできないし、かといって金をあげるわけじゃない。けれども彼女は毎日のように私の仕事が終わるころ家に来る。いまだになんでか分からないです。心安らぐ部分があったんでしょうか」

今では、他の日本人から「少し距離を置いた方がいい」とアドバイスを受けるほど、フィリピン人との親交は深まっている。

「フィリピンに来てすぐ胃潰瘍をやりましたが、今は体重も六〇キロまで戻りました。以前、日本で治療を受けたとき『精子が無くなる』と言われたんですが、去年、子供も生まれましたし、絶好調ですよ（笑）」

フィリピンですっかり健康体を取り戻した。

「子供のために、あと二〇年は生きなきゃいけない」と山崎さんは言う。マニラ首都圏の南隣、カビテ州イムス町に近々家も建つ。

「すっかり、フィリピンの生活に慣れてしまいましたね。日本に帰るつもりはありません。『日本語を覚えろ』なんて従業員に言っていたころが懐かしく思えますよ」

文字通り、フィリピンに骨をうずめるつもりだ。

ホテルウーマン

4 長西尋子

Naganishi Hiroko

このまま自分がフィリピン風に染まってしまうことだけは避けないと。

一九七七年四月五日生まれ(24)。京都府綴喜郡出身。
同志社大学経済学部卒業。二〇〇〇年フィリピンへ。
勤務先＝マンダリン・オリエンタル・ホテル
肩書き＝研修生
労働条件＝月給一万六〇〇〇ペソ。三食付き。週休一日。
住まい＝同ホテルの一室

マニラ首都圏のマカティ市は「フィリピンの金融・ビジネスセンター」と言われ、大手日系企業の支店や現地法人の本社の多くは、ここに林立する高層ビルに事務所を構えている。オフィスビルの近くにある広大なショッピングモールを囲むようにして、外国から訪れるビジネスマンや観光客を主な顧客にする高級ホテルが建ち並ぶ。そのホテル群から少し離れた大通り沿いにマンダリン・オリエンタル・ホテルがある。そこが長西尋子さんの職場だ。

長西さんはホテルの制服を着て、はつらつとした表情で現れた。大学卒業後一年の新人ホテルウーマンには見えない。得意の英語を生かし堂々と働いている姿を見ると、フィリピンで充実した生活を送っていることが感じられる。

ホテルウーマンとしての口調を引きずってちょっと固い、それでいて丁寧な物言いだったが、徐々に二四歳らしい話し方に変わっていった。

同志社大学三年の五月、大学のキャンパスで「海外企業研修生募集」の広告に目が留まった。それが、彼女がフィリピンに来るきっかけだった。

研修生募集を企画していたのはＡＩＥＳＥＣ（アイセック＝国際経済商学学生協会）という国際的な学生組織。加盟国が学生を交換し合い、海外企業研修を通して実務経験と異文化理解の機会を提供している。

海外で働くことを希望していた長西さんは、八月に行なわれた研修候補生選抜試験を受けた。第一次試験は論文とＴＯＥＩＣかＴＯＥＦＬのいずれかの成績をもとにした書類選考。第二次試験は作文と面接で、主に英会話の実力を試すためのものだった。

長西さんが受験した時、約六〇人の応募者がいたが、一次試験で五〇人近くが落とされ、二次試験を通ったのは五、六人だった。

選抜試験にパスすると、初めて研修候補生になれる。長西さんは研修先として「マーケティングおよび教育関係」を希望した。海外登録企業と研修候補生の希望が合えば、仕事の話が提供される。

「海外に出て、その国の人と同じ一人の人間として、どれだけ通用するのか。自分の実力を試してみたかったんです」

高校時代にアメリカに留学し、自分の英語力に不安はなかったことと、学生時代「バックパッカー」として様々な国を旅行して、海外で暮らす度胸がついていたことがその背景にある。

海外を旅行して最も魅力を感じたのは東南アジアだった。

「自分は日本人だから、働こうと思えばいつでも日本で働ける。チャンスもそれなりにあると思います。けれども、今、海外に出て、一個人としてどれだけ海外で通用するのか、生きていけるのか、自分の実力を試してみたかったんです」

就職先を決めかねていた一九九九年一一月、アイセックからマンダリン・オリエンタル・ホテルの話が来た。

「フィリピンは治安が良くない」と言われていたが、長西さんは気に留めるほどの不安は感じなかった。「不安よりも好奇心だけで行くことを決めたのかもしれない」と笑う。フィリピンは初めて訪れる国だったので、逆に「働いてみたい」という思いが募った。

そして、卒業一ヵ月後の二〇〇〇年四月二六日、彼女はフィリピンに向かった。一年オープンの航空券を自分で購入した。

マニラに着くと、寮を提供されたが、衛生状態が極めて悪かった。そこで、同じようにアイセックの紹介で来ていたカナダ人、ポーランド人、ギリシャ人の三人に悩みを打ち明けたところ、「自分たちと一緒のコンドミニアムに住んでみないか」と言われた。コンドミニアムは、ホテルから車で五分ほどの距離で、早速、移り住むことにした。

「月一万八〇〇〇ペソの家賃を四人で頭割りにしました。ベッドルームは二つ、大きなリビングルームがあって、洗濯場、キッチンがついていて、四人で過ごすには快適でした」

文化の違う若者との共同生活は、とても楽しいものだった。お互い別々の場所に住むようになった今でも友情関係は続いている。

働いて八ヵ月がたったころ、ホテル客室部のフィリピン人部長と面談をする機会があった。「困っていることはないか」と聞かれ、「一万六〇〇〇ペソ（約四万円）の給料では家賃の分担四五〇〇ペソを払うのが厳しい」と訴えた。

長西さんが住居費を自費で払っているのを知った部長は「インハウス（ホテルの一室に住むこと）はどうか。食費も住居費もホテル側が負担する」と提案してくれ、彼女はコンドミニアムから引っ越した。

ホテルウーマンとしての仕事は「現場から学び取れ」というＯＪＴ（オン・ザ・ジョブ・トレーニング）方式。いきなり現場に放りこまれ、責任ある仕事を任されることになった。

マンダリン・オリエンタル・ホテルでは、日本人客の利用が二二％（二〇〇〇年）と多い。部屋の細かいチェック、備品の有無、クレームへの対応など、日本人客には特別なケアが必要だ。

「異国のフィリピンにいても、宿泊客には日本にいるのと全く同じ環境を提供していきたい」と長西さんは言う。

「日本人のお客様には、細かい対応が必要なんです。例えば、日本の企業では役職で縦の関係がはっきりしていますよね。上の階の方が、レベルが上だと思われている方が多くて、たまに、何で自分が部下より下の部屋なんだというクレームが来るんです」と笑う。

もちろん、必ずしも上の階の部屋がレベルが高いということはない。しかし、宿泊客の要望があった場合は、その通りに部屋替えすることもある。

また、宿泊客が希望していた部屋がとれなかった場合も、とっさの判断と工夫が必要になる。キングサイズを希望していたのに、ツインの部屋しか空いていないという事態になった時は、パッドを換えてベッドをくっつけ、分からないようにキングサイズにベッドメイキングしたこともある。

ホテルで働いていると、様々なクレームを受ける。そのクレームをいかにうまく処理していくか、どのように宿泊客の不満を和らげるように努力をするのか。毎日の経験と先輩スタッフの働く姿を見て、彼女は多くのことを学んでいった。

快適な宿泊を提供しているためだろう、同ホテルでは、約七割がリピーターだ。先輩の日本人スタッフには、宿泊客の顔や経歴、役職などをすべて記憶している人もいるそうだ。人となりを知り、好みが分かれば、その人にあったサービスがしやすくなる。例えば、チョコレートが好きな宿泊客の場合は、ウエルカムフルーツをチョコレートにしたり、コンピューターを使う宿泊客にはアダプターや変圧器を用意しておいたり、好きな果物を用意したりする。また、二度と同じ失敗を起こすことがないように、クレームや要望をコンピューターに記録しておくことも重要だ。

長西さんは、個人的にサービス面で心がけていることがある。

「日本人のお客様にはなるべく話しかけるようにしています。そうじゃないと本音が聞けない。日本人は、心の中で不満を思っていても、言わないことが多いんです。特に長期滞在の方には、より積極的に話しかけています」

日本とフィリピンにおける文化の違いなのか、「お客様に対する考え方の違い」には、驚くことばかりだ。

「フィリピン人スタッフは、お客様を第一だと思っているけど、すべて正しいとは思っていない。日本人スタッフはとにかくお客様をたてる。とりあえず謝り、言い分を聞く。聞いたところで、相手の言っていることを徐々にホテルマンの話術で軌道修正していく。けど、フィリピン人は自分に非がないと思えば、絶対に謝らない」

最初に客がぶつけた不満は小さなものだったが、相手のフィリピン人スタッフが謝らないため怒りが爆発し、大きな問題へと発展してから日本人スタッフへ知らされることもある。

「お客様の中には、ひと言『ごめんなさい』が聞きたかっただけなんだよとおっしゃる方もいます」

「ごめんなさいを言ってくれれば気が済むのだから」と考える日本人サイドと「謝ったら自分の非を認めたことになる」と思うフィリピン人サイドとのずれがここで生じる。

異国に働きに来て、様々な場面で出くわすこうした感覚的ずれは、普段はあまり深く考えることのない長西さんをも悩ませる。そういう時は、来比当時八ヵ月一緒に住んでいた仲間と会い、食事をしたりして気分を晴らす。

「何でフィリピン人はこうなんだろう、ああなんだろうってよく愚痴りましたよ。買い物に時間がかかる。動作が遅い。ぶつかっても謝らない。道を聞いても分からないと言わない。結局、ノーと言えない人種なのかもしれませんよね。もうだいぶ慣れましたけど、このままフィリピン風に自分が染まってしまうことだけはやはり避けないといけないと思うんですよ」

フィリピン人のおおらかさとか明るさといった長所を認めながらも、長西さんははっきりと彼らの弱点を言ってのける。


研修生としての就労期間を延長することは可能だ。実際に、あと一年延長してはどうかという話をホテル側からもらった。しかし、「一年で帰ることにしたんです。フィリピンが嫌いというわけではありません。だけど、一年が経って、そろそろこの国を出なくちゃと思ったんですよ」

日本で働いた経験はない。大学を卒業して初めて働いたのが、このホテルだ。一年間の滞在は決して無駄ではなかった。来た当初一緒に住んだ仲間たちもそれぞれ母国へ帰っていき、次のステップにつなげるためのさらなるチャレンジをしていくだろう。フィリピンの文化に慣れず、皆で愚痴を言い合ったことも多々ある。しかし、こうした経験は海外に勇気を持って飛び込んだからこそ、得た貴重なものだ。

日本に帰った後の仕事はまだ分からない。日本で働くか、さらに他のアジア諸国で働くか。しかし、「一年間のフィリピンでの研修は、今後キャリアアップしていく上で大きな強みになるはずだ」と自信を持って言うことができる。

日系旅行代理店勤務
❺ 染谷幸司
Someya Kouji

日本で疑問を抱きながら仕事をしてきたことを思うと夢のような充実感。

一九七三年五月九日生まれ（29）。東京都北区出身。関西学院大学社会学部卒業。二〇〇一年フィリピンへ。
勤務先＝アティック・ツアーズ
肩書き＝マネージャー
労働条件＝月給四万ペソ。週休一日。
住まい＝ワンルームタイプのアパート。一五〜二〇畳。家賃一万ペソ（会社負担）に入居予定。

「海外で暮らしていると自分自身が好きになれるんです。ちょっとしたことなんですが、自分でもやればできるんだということを発見したりしますしね。今の自分が好きでいられる――そんな生き方をこれからもしたいなと思っています」

染谷幸司さんがフィリピンで生活を始めてから三ヵ月が経った。

「毎朝、会社に行きたくないな、満員電車に乗りたくないな、人生これでいいのだろうか、そんな思いを抱きながら日本で会社通いを続けていました」

大学を卒業すると、大手旅行会社に就職、広島営業所に配属された。新入社員の地方配属は、社の慣例で、国内旅行や日帰り旅行といったパッケージツアーの手配が主な仕事だった。

「毎日、お年寄り対象の日帰り温泉ツアーとかを手配していたんです。狭い世界を扱っているなって思え、自分の仕事が好きになれませんでした」

結局、一年で退社した。

会社を辞めた後、「ワーキングホリデー」の制度を利用して、オーストラリアに行く。最初の三ヵ月間は語学学校に通い、英語を勉強したが、せっかくの働けるチャンスを生かそうと、残りの九ヵ月はイタリアレストランや日本料理店でアルバイトをした。

「夢のような生活でした。一日三ドル（一八〇円）で生活をしていたんですが、毎日が充実して楽しくて」

狭い日本を飛び出し、初めて海外で暮らした感想だ。

楽しかった一年間の思い出を胸に帰国する。

帰国してしばらくした後、オーストラリアで知り合った香港人とヨーロッパ旅行に出かけた。ロンドン、イタリア、スイス、モナコ、フランスなど八ヵ国を二週間かけて回った。

「バスや地下鉄に乗るにしたって海外では一苦労。何かができるたびに、生きている実感がしましたよ」

しかし、旅行から帰ってきた染谷さんは、「さすがにそろそろ社会復帰をしなくては」と感じ始める。自分の生活が「現実逃避」のような気がしたからだ。

実務レベルの英語を使える会社で働きたく、工業用配管部品の販売代理店である外資系メーカーに就職した。しかし、八ヵ月で退職してしまう。英語は仕事柄全く必要なく、外資系といっても結局、日本の企業だった。また、部品販売にも全く興味が持てなかった。既に二七歳になっていた。

「このままじゃまずい。何に自分は夢中になれるのかと自問自答ばかりしていました。毎日が自分との闘いでした」

大学時代の友人たちは、卒業後三年目を迎え、会社や仕事にも慣れてきたころである。それだけに、自分の人生設計に不安が募っていた。

「新人時代に働いていた経験から、旅行代理店は旅行好きが働く場所ではないと思っていました。休みは取れないし、給料は安いし。旅行したい人にとってあまり適当な職場ではない。だから当初、旅行代理店への就職は考えていませんでした」

しかし、二度目の就職で興味のない会社に就職した結果、短期間で退職してしまったことを考えると、「旅」に一番近い場所は、やはり旅行代理店しか思い浮かばなかった。

そんなある日、就職情報誌『B-ing』で「マニラ・セブ島での駐在員募集」の文字が目に留まった。無人島と椰子の木のイラストが描かれた広告を発見した時は、心の底から湧き上がるような興奮を覚えた。染谷さんは「これだ！」と思った。

英語を使って、しかも海外で働くことができる。染谷さんにとって、これ以上の仕事はなかった。すぐに電話をして面接してもらった。本当に興味のある仕事だったので、自分を思いっきりアピールできた。大学時代の旅行の話、オーストラリアでのワーキングホリデーなど、旅の経験が自然に口をついて出てきた。「発展途上国でも大丈夫か」と聞かれたが、オーストラリアでの生活経験で、どこの国でも生きていける自信があった。

「世界の果てに住んでいる日本人に、テレビ局のアナウンサーが家族からの手紙を届けるという企画番組を見たことがあります。いろいろな国に住んでいる日本人を見て、こんな所にも日本人が住んでいるのかと驚きました。それと比べたらフィリピンで働くのは大変じゃないと思いました」

後で分かったことだが、面接は英語力よりも、その国の文化についていけるかどうかをチェックされていたという。染谷さんは海外で働ける精神的なタフさを持っていると判断され、二年の契約で現在勤めている「アティック・ツアーズ」での現地採用が決まった。

染谷さんは二〇〇一年の二月中旬にフィリピンに来た。しかし、入居できるはずだった建設中のアパートはまだ完成しておらず、ホテル暮らしを強いられている。

日本人は「時間」に厳しい人種だ。時間に遅れることは、特に仕事をしていく上で問題外だと日本人は考える。しかし、時間がゆっくり流れている南国フィリピンで、時間に几帳面であることを求めるのはなかなか難しい。「のんびり構えるべきだ」と思えてきたのは最近。毎日少しずつフィリピンという国を肌で学んでいる。

会社での一日は、朝九時の朝礼後、日本の本社から来た依頼のメールをチェックすることから始まり、午前中の業務は問い合わせの処理で終わる。午後は、日本から来た顧客への応対や苦情処理、現地ガイドの割り当てなどで忙しい。

休みは月四日と、ゆっくりする暇もないが、自分の選択に間違いはなかったと満足している。日本で疑問を抱きながら仕事をしてきたことを思うと、夢のような充実感だと言う。

その一方で、現地の人を使いながら仕事をこなすマネージャーの勤めは容易ではない。日本と同じように考えていたら痛い目に遭う。

「日本では部下を叱る際に、上司が『お前、もっと頭使えよ』って言うことがありますよね。この間、同じことを英語で部下に言ったら、大変な剣幕で文句を言われました。今までそんなひどいことを言われたことがないってね」

フィリピン人スタッフは、大変な屈辱だったと言った。

「日本人が英語を使う場合、特に気をつけなければいけないのは、英語との微妙なニュアンスの違いですね。何気なく日本流に言ったことが通じるとは限らない」

また、フィリピン人に仕事を任せるのが、時に不安になるらしい。フィリピン人の「楽観的なこと」がネックになる。フィリピン人の国民性の一つとして、「物事を深く考えない、くよくよしない」を挙げる日本人は多い。それは時に悪く転じることもある。

「何でもOKと言うんですよね。何を根拠に大丈夫だと言っているのか、分からないことがあります。でも問題が発生したら、『自分が悪いのではない』と言い張るから参ります。もちろんフィリピン人全員が皆同じだとは言えません。『フィリピン人は……』と、ひとまとめにすることがどれだけ危険かは分かっているつもりです」

「フィリピンでは多かれ少なかれこうしたことがある、ということを頭に入れておくほうがいい」というのが、フィリピンで働きたいと考えている人へのアドバイスだ。

フィリピンは、スペイン、アメリカの統治で西洋の影響を受けてきた。そのせいか、日本人には比較的馴染みやすい国だと言える。しかも日本からは四時間弱で来ることができる——そうした理由で、染谷さんは多くの人にフィリピンで働くことを勧めたいと言う。

「フィリピンでは初心者レベルの英語で意思の疎通はできます。アメリカで働くよりは英語の面から考えれば非常に楽だと思いますよ。それに、物価が安いことが何よりも助かっています。私は給料の半分を貯金しています」

住居費（約一万ペソ）は会社負担光熱費や食費などの生活費を自分の給料からまかなえばよいのだから、経済的にも楽だという。

染谷さんは、現在、ビザ（9d＝商業・投資ビザ）の申請をしている。会社の経理部の担当者がフィリピンにおける手続きのいっさいを行なっている。

しかし、「会社がサポートしてくれるかどうかがビザ取得の鍵です。先輩の例を考えると、一年はかかるのではないかと思っていますけど」と言うように、ビザの取得はなかなか難しい。

休日は、マニラ市内を見物しながらぶらぶらと過ごす。マニラ首都圏近郊の観光地や温泉なども見て回った。ツアーの手配をする身として、フィリピンを知らないことには、話にならないと思うからだ。

「本社の社長に、『デジタルカメラを持って、とにかく町の中を歩け』と言われています。自分で積極的に動いて、アジアの生きた映像を本社に送るようにしているんですよ」

染谷さんにとっては、フィリピンでの旅行代理店勤務が、よほど性に合っていたようだ。

日本アニメ翻訳業

❻ 滝本貴子

Takimoto Takako

タカコが訳したんでしょって子供たちに言われると本当にうれしい。

一九七五年九月二一日生まれ(25)。
早稲田大学大学院卒業。二〇〇〇年フィリピンへ。
勤務先＝現地企業
肩書き＝翻訳者
労働条件＝月給一万六〇〇〇ペソ
住まい＝アパート。月五〇〇〇ペソ

滝本貴子さんの毎日は、フィリピンで人気のある日本アニメの英訳作業や、アニメ雑誌の編集などで忙しい。

フィリピンでは、一九七〇年代後半、『ボルテスV』『マジンガーZ』がテレビで放送されて以来、現在も日本アニメの人気が根強い。

「いくつもの運命的な出会いが一本の糸でつながっていたようです」滝本さんは日本アニメの仲介会社を職場にするまでの経緯をこんな言

葉で表現した。

「あの番組が、私の人生をフィリピンへ向かわせるとは考えもしませんでした」――。

「あの番組」とはＮＨＫ特集番組「スモーキーマウンテン」。早稲田大学法学部四年生の時だった。スモーキーマウンテンとは、マニラ湾近くのマニラ市にあった世界最大級のごみ集積場。ごみの中から金目のものを拾い集める廃品回収業の家族五千数百世帯、二万七〇〇〇人が住み着き、「フィリピンの貧困のシンボル」と言われた。乾季にはごみが自然発火して煙を出すことから、この名前がつけられた。

番組を見終わった後の衝撃が彼女の脳裏に今も焼き付いている。「日本に近いフィリピンについて、何も知らなかった自分を恥ずかしいとさえ思った」と振り返る。

滝本さんは大学在籍中テーマにした「人権問題」の研究を、同学大学院アジア太平洋研究科に進んでからも続けた。そこで、フィリピン学を専攻する菊地靖教授のゼミに入り、一年の夏休みの一九九八年七月、初めてフィリピンを訪れた。

菊地教授の紹介で名門私立、デ・ラサール大学の教授に会ったが、「どうしてフィリピンの恥部を調査したいんだ。それだけはやめなさい」と叱られた。調査対象はストリートチルドレン。都会の町で花などを売る未就学の子供たちだった。

調査の目的を必死に説明し、何とかストリートチルドレンを保護する施設を紹介してもらった。彼女は二週間その施設に通い、フィリピンの子供たちと束の間の友情を育んだ。

一九九九年三月に再びフィリピンに滞在。三週間の滞在中、二〇ヵ所以上の施設に電話をかけまくり、ストリートチルドレンに衣食住を提供する施設を見学した。どの施設でも、子供たちが口々に「あそこのNGO施設はご飯がおいしい。あっちは洋服をくれる。こっちはきれいだ」と、今まで転々としてきた施設を自慢げに話していた。

それを見て、滝本さんに、「食事を与え、住むところを提供しているだけでは、何も変わらない。子供たちに快適なストリートライフを送らせているだけではないのか」という疑問が浮かんだ。

そんな時に出会ったのが、マニラ首都圏マカティ市にある「トロイ・サ・ドンボスコ」。一九九二年にドンボスコ教会が設立した施設で、そこには、路上生活を余儀なくされている子供、貧しいために学校に行けない子供たち一三〇人が保護されていた。

子供たちはまず、基本的な日常生活を身につけることを覚えていく。朝起きると、三度の食事をはさんで、身支度、祈禱、授業、自由時間、宿題、祈禱、と寝るまで厳しい日課が決められている。「それまで自由、気ままに一日を過ごしてきたストリートチルドレンにとって、ここでの生活に慣れるのは厳しいようでした」――。卒業論文は「トロイ」の子供たちに焦点を当てることにした。

九九年八月、滝本さんは再び「トロイ」に戻り、今度は三ヵ月かけて本格的なリサーチを行なった。

マニラ首都圏近郊のリサール州アンティポロ市にある友人宅に寄宿し、バスで片道三時間の「トロイ通い」だった。

マニラ首都圏の幹線道路は、日本とは比べものにならないほど広い。ところが、五車線もある道路を何台もの長距離バスが排ガスをまき散らしながら、まるで自動車レースでもするように争って走る。また、朝夕のラッシュは渋滞で前に進まない。首都圏近郊から仕事場までバスで往復する乗客は、いつ目的地に着くかあてのないまま、イライラ無駄な時間を過ごすしかない。

「毎日、往復に六時間かかるのを見かねたんでしょうね。トロイのスタッフが、ここに泊まりなさいって言ってくれたんです。本当にありがたかった」

夜まで子供たちと一緒にいられるようになったので、それまで以上にトロイの様子を知ることができたばかりでなく、スタッフや子供たちとの交流も深まった。

充実した日々を送っていたある日、日刊マニラ新聞に「堀江美都子、チャリティコンサート」の記事を見つけた。そこには、「フィリピンの子供たちも大好きな『ボルテスV』を歌う人がやってくる」と記されていた。この記事が、再び思わぬ方向に人生が動いていくきっかけだった。

「温かいもてなしをしてくれたスタッフや子供たちのために何かしたい」そんな思いから、滝本さんはフィリピン公演の担当者に電話をかけた。

「ストリートチルドレンの施設で歌っていただけないでしょうか」

すると、担当者のDさんから「もちろんいいですよ。どうして私自身、それに気が付かなかったんだろう」と、思いがけない快諾の言葉が返ってきた。

『キャンディキャンディ』や『花の子ルンルン』などのアニメ主題歌を歌ってきた堀江美都子さんは、デビュー三〇周年記念のイベントを企画していた時、日本で唯一ヒットしなかった『ボルテスV』の主題歌がフィリピンで大人気だということを知って、フィリピン公演に踏み切ったのだった。

「トロイ・コンサート」の夜、目の前で歌ってくれる堀江さんに、子供たちは大喜びした。


堀江さんの公演を仕切ったDさんは日本人の父親とフィリピン人の母親との間に生まれた。両親の離婚後、フィリピンにやってきたのだった。

滝本さんはDさんに相談した。

「卒論を書くために多くの人にお世話になった。少しでも恩返しをするため、フィリピンで働きたい」

「本当にフィリピンで働きたいの？　駐在員の人だって、フィリピンが任地だと知らされ、『エッ』って言うほどの国だよ。よく考えてもう一度出直しておいで。それでも本気なら、その時また考えよう」

Dさんはそう諭した。

しかし、滝本さんの想いは変わらなかった。二〇〇〇年二月、彼女は覚悟を決めてフィリピンに戻ってきた。

「来ちゃったよ。あの時の約束覚えている?」

Dさんは、「日本のアニメ番組をテレビ局に仲介する会社で、英語のできる人を探している」と教えてくれた。日本の映画会社、テレビ局からアニメの放映権を取得し、地元メディアに斡旋する会社だった。たまたまポストに空きがあり、滝本さんは再び運命のようなものを感じたのだった。

フィリピンで働こうと思ったきっかけは、子供たちとのふれあいだった。「トロイ」のスタッフや子供たちと一緒に寝泊まりをする生活で、得たものは大きかった。

風邪をひいて体調を崩したことがあった。その時、子供たちが教会でもらってきたバラの花を持ってきてくれたり、「元気出してね」とチョコレートをくれたりした。一人は、五個しかないお菓子を三つくれたりもした。フィリピンで数字の「3」は、愛しているという意味があることを初めて知った。

今までストリートチルドレンを、「人から物をもらいたがる卑しい子」だと思っていた自分を恥じた。心の奥までジーンとくるような子供たちの温かいもてなしに感動した。三ヵ月の滞在は、子供たちから元気とエネルギーをもらう毎日だった。

今、アニメ会社で滝本さんは制作部門と雑誌部門を兼務している。制作部門での仕事は、日本側とライセンス契約を結んだアニメ番組の台詞を英語に翻訳する作業だ。英訳した台詞を脚本家がタガログ語に作り変える。日本語のニュアンスを失わず、フィリピン人が日本アニメを楽しめるような台詞作りに苦労するそうだ。

「ユーモアや今風の話し方は、文化が違えばなかなか理解できないこともあります。なるべく日本語の台詞に忠実に、タガログ語に置き換えていくんですよ」

声優が台詞をタガログ語に吹き替えて出来上がった作品を、テレビ局に販売するまでが制作部門の担当になっている。

雑誌部門の仕事は、日本で流行っているアニメの動向を雑誌やインターネットで調べて記事にする。滝本さん自身も企画段階から加わり、内容を一緒に決める。

「制作と雑誌部門を兼業していて大変だけど、こんなにやりがいのある仕事に恵まれて幸せです」と笑顔を見せてくれた。

フィリピンで就職したと聞いて、滝本さんの両親は驚いた。

「大学院にまで行って、なんでバイト代ほどの給料なの？」

給料は、フィリピン人の大卒程度。日本では、四日もアルバイトをすれば稼げる。

しかし滝本さんは、現在の職場をあくまで次のステップにつなげる手段と考えている。当面の夢はフィリピンで学位を取ること。特に子供の人権擁護について深く学んでいきたい。そのためにはまず、学費を稼がなければならない。

「トロイ」には、今でも週に一度、通っている。時には剣道を子供たちに教えるプログラムなどにも参加する。

「テレビ見たよ。タカコが訳したんでしょって、子供たちに言われると本当にうれしい」

滝本さんは、五年間で帰国すると両親に約束している。だが、果たして「トロイ」の子供たちと別れる日が来るのか。フィリピンの子供を対象にした人権擁護の研究が、滝本さんのライフワークになるように思えてならない。

人材派遣会社経営
安島克弘
Ajima Katsuhiro

7 この国では個人でビジネスチャンスを生かすことができます。

一九五九年六月四日生まれ（42）。東京都神津島出身。日本大学卒業。一九九七年フィリピンへ。
勤務先＝カイリプロ
肩書き＝代表取締役
労働条件？
住まい＝パラニャーケ市のビレッジの一戸建て賃貸住宅（日本の親会社負担）。

安島克弘さんの在フィリピン歴は丸四年。フィリピンで暮らす日本人は「三〜四年でひと通りのことを経験できる」と言われる。「ひと通りの経験」とは、決して言葉の習得や人の優しさに触れるなどの良い経験だけでなく、「置き引き」や「空き巣」、場合によっては「ホールドアップ」を食らうことなども含む。そんな経験に嫌気がさし、夢と希望を抱いて訪れたこの国を去る日本人も多い。

安島さんも、フィリピンでこれらの経験を重ねた。移住を決める一二年前、初めてこの国を訪れた時に、ホールドアップも経験している。しかし、フィリピンを離れなかった。そしてこの度、「フィリピンに貢献する」ため、日系人を日本の企業に送り出す人材派遣会社「カイリプロ」を立ち上げた。安島さんをそこまで駆り立てたものは何か。この国の魅力とは何なのか――。

安島さんは一九五九年、東京都・伊豆七島の神津島に生まれた。現在は四二歳。幼いころからさまざまなスポーツに親しみ、中でもサッカーはスポーツ推薦で日本大学に進学するほどの実力だった。大学三年の時靭帯《じんたい》を切断、サッカーからは身を引かざるを得なくなったが、トレーニングの一部に取り入れていた水泳がこれも一流で、多くの有名選手を輩出している米カリフォルニア大学バークレー校へ一時留学する。

大学卒業後は、スポーツクラブで水泳のインストラクターとして働き、筑波大学の研究室などにも出入りしていた。そんな時、安島さんに心境の変化が訪れた。

「大学で研究することで、一つのゴールにたどり着いたんでしょう。今度は、研究の成果をビジネスとして実践したくなったんです。要は自分でやりたくなったんですよ」

一九九二年、世はバブル経済に踊り、海外リゾートの開発が盛んに行なわれていた。知人の紹介で、日本のダイビングショップがグアム島に出す支店の運営を任される。オーストラリア人との共同経営だったが、一国一城の主になった。

グアムに来て驚いたのは、ダイビングスポットとして有名なこの島からもフィリピンの島々へ出かけるダイバーが多かったこと。フィリピンの海はビギナー向けと言われることが多いが、実は、ベテランのダイバーにとってはたまらなく面白いところらしい。

「水の透明度が世界一とは言いませんが、この国の海は、常識を覆すような意外性を持っています。どこかの国で発見されて初めて名前が付くような魚がうようよしていたり、一家族でしか行動しない習性を持つ魚がいくつものファミリーで行動したり。本当にすごい海ですよ」

初めてフィリピンを訪れたのは一九八五年。それ以来、毎年のように渡航を繰り返していたが、それはグアムに移り住んでからも続いた。そして徐々に、グアムからフィリピンの海へ魅せられるようになる。


フィリピンの魅力を知ったからには、もうグアムにいるわけにはいかない。五年間営業した店を閉め、フィリピン・ルソン島南部バタンガス州で日本人が経営するダイビングショップにインストラクターとして働き口を見つける。一九九七年、三七歳の時だった。

「ため水を、ボウフラをよけながら飲んでいたのが僕の子供時代です。そんな僕だから、フィリピンでも生活に対する苦労はほとんどありません」

フィリピンでの生活が始まった。フィリピン人スタッフとともに、フィリピンの海を満喫する、はずだった。しかし、そこは主に日本人客へダイビングを教える店。必然的に客のリクエストは日本人の安島さんに集中する。そのため、フィリピン人スタッフのねたみの的になってしまった。

「女性スタッフをレイプしたという疑いをかけられました。仕事を奪われた彼らの気持ちも分かりましたが、そんなことまでする人間とは一緒に働けないと思い、店を辞めました」

一年ほどでバタンガスを離れ、マニラのダイビングショップに移った。

新しい店はダイビングの指導をする傍ら、水中撮影などの映像プロダクションも兼ねていた。撮影の同行取材などで、七〇〇〇もの島々で構成されるフィリピン全土を回った。バタンガスにもたびたび立ち寄った。

「かつて僕を陥れた同僚が、必死で許しを請うんです。僕があまりにもあっさり店を辞めたので、逆に申し訳ない気持ちになったんでしょうね」

グアムで英語は身に付いていたが、フィリピノ語で会話できるようになったのもこのころだ。

「フィリピン人の素晴らしさが分かり始めてきたんです。ひどい目にも遭いましたが、それは彼らなりの自己防衛手段として理解できました。そんなことより、彼らの家族、仲間との絆の強さに、人間が本来あるべき姿を教えられました」

誕生日など家族のイベントを大切にし、たとえ金が無くても互いに助け合い、人生を楽しんでいるフィリピン人。

「マニラだけでなく、フィリピンのいろいろな場所に足を踏み入れることで、フィリピンも捨てたもんじゃないということが見えてきました。そして、『フィリピンに対して貢献したい』という気持ちが出てきたんです」

職を追われるまでになったダイビングのインストラクターだが、フィリピン人スタッフが十分な技術を習得しさえすれば、日本人に脅かされることなどなくなる。安島さんは、フィリピン人にインストラクターとしての技術指導をすることにした。これは現在まで続き、家では一八歳から二六歳までの七人の青年が合宿生活を送っている。

フィリピンでの生活が四年目に入ったころ、安島さんは静岡県である製造業を営む男性を知人に紹介される。日本ではバブルが崩壊し、構造的な不況から下請け製造業はどこも親企業からコストダウンを強要されていた。この男性は以前からブラジルなどの日系人を積極的に雇用して、人件費の削減を図っていた。話を聞くと、次はフィリピンに在住する日系人を雇用対象として検討しているのだという。

フィリピンには、数千人の日系人がいると言われる。彼らは、日本に定住する権利を持っていて、外国籍でありながら日本での就労ビザを比較的容易に取得することができる。日本で働くことを希望する彼らと、低賃金で雇用できることにメリットを見出す経営者との思惑が一致すれば、両者には雇用契約が成立する。

しかし、残念ながら両者の関係は、現在のところ、うまく機能しているとは言えない。両者の間にはブローカーと呼ばれる仲介業者が暗躍しているからだ。ブローカーは、入国手続きの手数料と称して、膨大な金額を受け入れ企業に請求することで、暴利をむさぼっている。

雇用後のトラブルも続発している。ブローカーの目的は、日系人労働者を日本に送り出し、手数料を取ることだけだ。そのため、労働者が好条件を求めて別の会社へ移っていったとか、事故など労働災害に見舞われたりとかの渡航後に起きたトラブルへの対応はほとんど行なわない。

「同業では、フィリピン初の会社設立になると思います。社名の『カイリプロ』は、受け入れ側の企業、有限会社開利《かいり》から取りました。何人ものブローカーが絡み、複雑だったこの業界ですが、僕たちの会社は送り出す側と受け入れ側だけですから、責任の所在が明確です。また、残された家族に対するアフターフォローも僕の大切な仕事です」

このような動きに対し、さまざまな「横やり」が入ったという。フィリピンで新規事業を立ち上げる際、必ずと言っていいほど同業者からの営業妨害がある。それらを乗り越え、約一年がかりで会社設立にこぎつけた。二〇〇一年六月のことだ。

この企画で取材した日本人の多くが「フィリピンにはチャンスがある」と語った。安島さんもその一人だ。

「まだ出来上がっていない国と言えばいいでしょうか。日本では、ビジネスチャンスがあっても、資金力にものを言わせすぐ大手が参入する。この国ではそんなことがまだまだ少ないから、個人でビジネスチャンスを生かすことができます」

設立した会社が軌道に乗り始めたら、提携企業を複数にすることで、少しでも多くの希望者を日本企業に送り出したいという。さらに、夢は大きく広がる。

「コストダウンのための単純労働者を探すのが僕の目的ではありません。日本企業が欲しがるような知識や技術を持つ人材を送り出したい。例えば、ＩＴ関連やホテルマネージャーなどです。間口も今は日系人だけですが、いずれは日系でないフィリピン人にも広げたいと思っています。夢は、そんな人材を育てる専門学校を設立することですね」

もう一つ、これはフィリピン人自身にやってもらいたいこと。それは、自国の宣伝だ。

「世界に対するインフォメーションが不十分な国です。僕ですら『絶対に近寄ってはいけないアジアの国』なんていうイメージを持っていましたから。僕の送り出すフィリピン人が国内外で活躍してくれれば、国のＰＲにも貢献できるでしょう」

ホールドアップにあってから一六年。フィリピンは安島さんの心をここまで動かした。

大手ゼネコン勤務
佐々木祐司

❽

Sasaki Yuji

フィリピン人を堂々と叱れるのは現地採用の僕だからできるのです。

一九七二年四月一〇日生まれ(29)
セントルイス大学卒業。一九八八年フィリピンへ。
勤務先＝日系建設会社
肩書き＝総務部課長
労働条件＝月給七万ペソ
住まい＝マカティ市内のコンドミニアム

経費削減の一環で、フィリピンに進出している日本企業や現地法人の中には、駐在員を本社に引き揚げさせ、代わりに日本人を現地で採用する傾向が出ている。海外手当、住宅手当など高額の支出を伴う駐在員よりも、人件費がかさばらない優秀な在住邦人を採用して育てた方が、効率的で経済的だからだ。

そこで、日系大手ゼネコンの現地法人に現地採用されて六年目になる佐々木祐司さんにインタビューした。高校一年生からフィリピンに留学、将来は起業家を目指す青年だ。

「高校を卒業すると、そのまま大学に行って、社会人になって……。日本で決められた道を歩くのは嫌じゃないですか。そうじゃなくて、何か違う人生を送りたい」

都内の高校に入学して間もなく、こんな思いが佐々木さんの頭をかすめた。世話になっていたカトリック司祭に相談すると、在比経験のある司祭はフィリピン・ルソン島北部のバギオ市にあるカトリック系高校への留学を薦めた。そこで、夏休み、留学先の高校を下見するため、初めてフィリピンを訪れた。

バギオ市は、マニラからバスで六時間、標高一五〇〇メートルの山間にある高原リゾート。平均気温が二〇度、最高気温二六度と涼しく、熱帯の国とは思えないほど気候や風景が日本に似ている。編入予定のイースター高校は市の中心部に近いところにあった。

留学した場合、司祭の紹介で校長の家にホームステイできることになっていた。初めての異国での生活、また英語を勉強する上でも、これは強い味方になる。一ヵ月間バギオに滞在した後、帰国すると日本の高校に休学届を提出、留学を決意した。一九八八年九月のことだ。

フィリピンの学制は初等教育が六年、中等教育（ハイスクール）が四年で、日本の中学校に該当するものはない。日本で高校一年生だった佐々木さんは、高校二年のクラスに入った。

カトリック教徒の両親は、カトリック系の学校に留学する息子を側面から応援した。

「一度も日本に帰ってこいとは言いませんでした」

以前からバギオの良さを知っていた父親は、年に二〜三回は訪ねてきてくれた。息子の留学でフィリピンがいっそう近くなったのか、日本に違法滞在するフィリピン人を助けるボランティア活動を始め、定年後はフィリピンに移り住む予定だという。

留学して二年後、ある出来事がきっかけで地域の人たちとの距離が一挙に縮まった。九〇年六月、バギオを襲った大地震だ。新築のホテルや学校、病院が軒並み倒壊、多数の死傷者が出た。幸いホームステイをしていた校長宅は全壊を免れたが、道路は寸断されて、都市機能はマヒした。そこで、佐々木さんは日ごろ世話になっている一家の役に立とうと、ボランティア活動に参加した。

「救援トラックが持ってきた米を担ぐんですよ。一日働くと、五〇キロの米が無料でもらえたんです」

米の他に砂糖やミルク、干し魚も持ち帰った。被災直後、米は配給制になったが、一週間五キロと少量だったため、佐々木さんの持ち帰る食糧は校長一家に喜ばれた。

九一年、イースター高校の近くにあるセントルイス大学商学科の入試に合格した。

「フィリピンで仕事を立ち上げたいと思っていたので、学科選びは迷いませんでした」

この四年制の大学を卒業するのには五年かかった。その時点で在比生活は八年になっていたが、その間、日本を恋しいと思ったことなどなかったという。それどころか、徐々にこのままフィリピンに住みたいという思いが募ってきた。

「多感な時期をフィリピンで過ごしたことで、フィリピンに自分の居場所を確立していったんです。今さら、日本に帰ってもしょうがなかった。父もフィリピンで仕事を立ち上げたいなら、実際にフィリピンで働いて勉強するのもよいと励ましくれました」

卒業を控えた佐々木さんは就職先を探した。それは日本ではなく、あくまでもフィリピンだった。その時、首都圏マカティ市で働いていた友人が、大手ゼネコンの現地法人が日本人を募集をしていると教えてくれた。早速面接を受け、採用された。

最初の仕事はマカティ市サルセド地区にあるコンドミニアムの内装工事だった。しかし、ビル建設や内装工事についての知識はゼロ。技術者だった駐在員の上司が基礎から実務までを一から指導してくれた。

「コンクリートはなぜ固まるのか。コンクリートを流し込んだ壁の中はどうなっているのか……」

次から次に出てくる技術用語に慣れ、理解するまでには、かなりの時間と努力が必要だった。文科系の佐々木さんが知らない専門用語も多かった。

入社して二年、仕事にも慣れてきたころ、会社の事務処理全般を担当する総務部への異動の話が来た。フィリピン人六人、日本人女性一人を部下に持つ課長職である。

マカティの日系企業で働くフィリピン人は大卒がほとんどで、プライドの高い人が多い。

「部下は全員年上だったから非常にやりづらかったです。フィリピン人は、仕事ができる人にはついていきますが、そうでないと見下しますからね。フィリピン人よりも仕事の内容を深く知るため、一生懸命勉強しましたよ」

しかし、現地スタッフとの考え方の相違は簡単には埋まらなかった。

「給料はこれだけしかもらっていない。だから仕事はこれだけしかしない。それ以上しなくてはいけないのなら、給料を上げてほしい」というのがフィリピン人の考え方だ。

「仕事を頼んだのにやっていない」と駐在員からクレームが来ることも珍しくなかった。佐々木さんはいつも駐在員と部下との板ばさみだった。

バギオで親しくしていたフィリピン人と、大都会のマカティで働くフィリピン人との違いに戸惑いを感じたのはこのころだ。

「仕事は覚えたことや言われたことしかしない。気がついても自分の分担でなければやらない。そうしたフィリピン人の姿勢は、総務部の仕事にとってはマイナスでした」

フィリピン社会で働く上で、日本人が気を付けなければならないのは「フィリピン人は誇り高い国民」ということ。ミスがあっても、皆の前ではなく部屋の片隅に呼んで注意しなければ、逆効果になりかねない。

「しかし、僕は、ヘマはヘマだと思うんです。堂々とスタッフの前で叱るべきだというのが信念です。間違っていることはきちんとただして叱らなければいけません」

自分のやり方を貫くには当然、相応の努力が必要となる。佐々木さんはまず会社にとって総務部の役割は何かを部下に認識させようとした。

「『これはあなたの仕事、それは私の仕事。だからあなたの仕事は私はやらない』ではなくて、それぞれの仕事内容を教え合って誰もができるような環境にしていったんです」

また、現地採用者の強みを生かし、部下と緊密に付き合うことでフィリピン人とのギャップを埋めるように努めた。

「フィリピン人を堂々と叱るのは、駐在員ではない、現地採用の自分だからできることでもあるんです。駐在員の待遇や給料に対して、現地採用である僕の待遇がフィリピン人スタッフと変わりがないことを彼らは知っています。だから対等に見てくれるという現実もあるんです」

しかし、それだけが佐々木さんと現地スタッフの距離を近づけたわけではない。佐々木さんは高校、大学時代、日本人との関わり合いを断ち、英語で考え、フィリピン人と同じ生活をしてきた。その経験が大きな裏付けになっていた。

「『僕は君らと同じ教育を受けてきたんだ』と伝えることで、駐在員には果たせない役割を演じることができます」

フィリピン人に目線を合わせ、時間をかけて語りかけた結果、彼らとのギャップは埋まり、部下は総務部がどういう部署なのかを次第に理解し始めた。今では安心して仕事を頼めるまでに信頼感を得られるようになった。

佐々木さんにとって、日系企業で働くことは久しぶりに日本に触れる機会ともなった。

「何かにつけてカルチャーショックを受けました。金銭感覚もすっかりフィリピン人のようになっています。いつだったか、駐在員の財布に五〇〇〇ペソ（約一万二五〇〇円）も入っているのを見た時は驚きました」と笑う。

フィリピンで五〇〇〇ペソといえば、いろいろなものが買える大金だ。もう慣れたが、多感な時代をフィリピンで過ごしたため、物の考え方はフィリピンに同化していると言う。

仕事を始めてから、今年の一一月で丸六年になる。

「会社からは仕事を通して多くのことを勉強させてもらっているし、チャンスをもらっています。いろんなことを吸収し、将来の会社設立に生かしていきたいですね」

そして、こう続ける。

「フィリピンにもさまざまな場所があり、マニラとバギオでは住んでいる人も環境も全く異なります。マニラの会社の仲間とも仲良くなりましたが、僕は、やっぱり高校時代からずっと暮らしてきたバギオが好きですね。将来、この地で会社を起こして、住み続けることができたらどんなに幸せだろうと思います」

佐々木さんにとって、バギオはフィリピンの一地方ではないのかもしれない。フィリピンではなくバギオに魅せられた日本人。マニラで見ることができないそんな人たちも、フィリピン各地でたくさん生活している。

自動車整備工場経営
中村近夫

Nakamura Chikao

9 時々カミさんや子供に対してすまないと思うこともあります。

一九五八年三月一一日生まれ(43)。茨城県北相馬郡藤代町出身。
茨城県立藤代高校卒業。一九九五年フィリピンへ。
勤務先＝「アサンテ・モーターショップ」
肩書き＝代表
労働条件＝不定。ほとんど利益は出ていない(笑)
住まい＝マカティ市グアダルーペのアップアンドダウン。一階がＬＤＫ、二階に２ベッドルーム。家賃七二五〇ペソ

自動車整備工場「アサンテ・モーターショップ」を経営する中村近夫さんを訪ね、マニラ首都圏マカティ市の下町、サンタ・リタ通りへ向かった。「この辺だろう」と見当を付けてタクシーを降りてみたものの、自動車整備工場らしいものは見当たらない。看板もない。「一八四三」という番地は分かっていたが、「一八四〇」と「一八五一」はあっても、その間の建物には表示がない。取りあえず一軒一軒、聞いてみる

ことにした。

何軒目かの建物でトタン屋根の扉をくぐると、薄汚れたTシャツを着た男性が、タオルを鉢巻きにしてエンジンを修理していた。どうやら車の整備工場らしい。「ディト・アサンテ・モーターショップ？（ここはアサンテ……ですか）」と尋ねると、顔も上げないで、「ヤ」とぶっきらぼうな返事。「ナンジャン・ポ・バ・シ・ミスター・ナカムラ？（中村さんはいらっしゃいますか）」と聞くと、男は初めてこちらを向き、「あ、取材の方ですか」と日本語。

フィリピン人だと思っていた男性が中村さんだった。部品と故障車が無造作に並んだ工場で、フィリピン人従業員とともに快く迎え入れてくれた。


「そんな大層なもんじゃないですよ」と謙遜しながら、中村さんは海外との関わりを話し始めた。海外暮らしに関心を持ったのは二〇代のころからで、三〇代で二年間、青年海外協力隊の隊員としてケニアに派遣された。フィリピンでの生活は六年目になる。

茨城県藤代町の実家が同じように自動車整備工場で、子供のころから車が好きだった。協力隊ではそれを生かし、ナイロビの国有自動車整備工場で技術指導をした。

「何となく日本から出たくて、NHK『基礎英語』の教材を毎年、買っていました。海外と、自分が身に付けた自動車に関する技術との接点が青年海外協力隊だったんですね」

念願が叶い、日本を離れたのが一九八八年、三〇歳の時。しかし、この海外生活には大きな代償を払うことになる。

　ケニアに行く前、中村さんの将来の道筋はほぼ決まっていた。一〇年間、実家の自動車整備工場を手伝った後、妻の家に養子に入り、家業だったタクシー会社の経営に携わることになっていた。ところが、ケニア行きで家を空けている間に日本ではバブルが崩壊し、タクシー会社は倒産した。その責任が、帰国と同時に中村さんの肩にのしかかってきた。家族の同意を得てのケニア行きだったが、事態は深刻で、話がもつれ、中村さんは妻から離婚を切り出された。

「納得いこうがいくまいが、向こうが離婚すると言って聞かないのだからしょうがない。調停にまで持ち込みましたが、結局、僕らの家庭は終わりました」

　家庭と同時に職場も失った。離婚後一年間はガードマンをしながら何とか生活する日々。結局、新聞の求人欄で見つけた業務用冷凍・冷蔵庫などを扱う産業用冷蔵設備会社に就職が決まったが、できれば冷蔵設備に関する技術を早めに身に付け、またどこかの国に協力隊員として出かけることを目論みながらの入社だった。

　再び海外生活を考えた裏には、引き裂かれた家族への思いを断ち切るという理由もあった。

「同じ国の土を踏んでいるだけでつらかった。生活の術さえあれば、どこかへ逃げ出したかった」

　しかし、この会社への入社が中村さんをフィリピンへ導くことになる。

「全く偶然のことですが、その会社に青年海外協力隊でフィリピンから帰ってきた同僚がいたんです。彼は、どうしても日本の生活に馴染めないと言う。これも偶然ですが、彼も車が大好きで、フィリピンで車の商売をやろうと持ちかけてきたのです」

うまくいく保証など何もなかったが、一九九五年、三七歳で中村さんはフィリピン行きを決意する。

海外生活にはさまざまな問題が付きまとう。そんな中で早めに解決しなければならない一つがビザの問題だ。

先にフィリピンへ旅立った同僚からの連絡では、商業・投資ビザ（9d）を取得することになっていた。また、会社設立の手続きも終わらせておくと彼は意気込んでいた。

日本人は二一日間、ビザなしでフィリピン滞在が認められている。中村さんはその言葉を信じ、ビザを持たずフィリピンに入国した。

しかし、同僚は異国での会社設立手続きという初めての経験に苦戦を強いられ、中村さんのビザ取得にまで手が回っていなかった。結局、二一日が過ぎる前、五九日間滞在可能で手続きも簡単な観光ビザ（9a）を自分で取得、その後五年間、二〇〇〇年に永住ビザ（13a）を取るまで、ズルズルと更新を続けた。

観光ビザは最大で一年間の更新が可能だが、就労は認められていない。一時期、中村さんも法に触れていたことになる。しかし、実態は多くの外国人が労働許可なく働いている。

ビザと同様に必要なのは、言うまでもなく金。ガードマンの仕事などで貯めた二〇〇万円を持ってフィリピンに来たが、会社の設立や設備資金、生活費などでその金はあっという間に使い果たしてしまう。

いくら技術があっても、営業を始めたばかりの自動車整備工場に、すぐに客が付くわけがなかった。フィリピン在住経験のある同僚のコネで多少の売り上げはあったが、一年間は泣かず飛ばず、赤字経営を強いられた。

そんな矢先に知り合ったのが、現在の妻ライラニーさん(23)だ。

「今でもね、決して生活は楽なわけじゃないんですよ。本業で出る利益は、家と工場の家賃分、合わせて三万ペソ余り(約七万五〇〇〇円)。家賃は二ヵ月滞納してますけどね(笑)。自分で自由に使える金は、一日五〇ペソ(約一二五円)がいいところで、生活費の大半はカミさんが稼いでくれています」

ライラニーさんは、工場のわきでサリサリ・ストア(雑貨屋)を開いている。工場の正面に立つオフィスビルのビジネスマンが主な顧客だ。店にはちょっとした食堂も付いていて、ランチタイムやミリエンダ(午前一〇時と午後三時のおやつ)には出前もする。なかなかの盛況ぶりで、「あれがなければ、とても生活していけない」と中村さんは言う。

取材前に「フィリピンで自動車整備工場」と聞き、一つの疑問が浮かんだ。フィリピン人はとても手先が器用で、車の修理をはじめエアコンの取り付け、場合によっては職人でもない人が家まで建ててしまう。そんな国に自動車整備で新規参入することが可能なのかどうか――。

そんな疑問に対し、中村さんはプラモデル作りにたとえて説明してくれた。

「お客さんの九割が日本人だからやっていけるのでしょう。確かにフィリピン人は器用ですが、日本人とは育った環境が違う。日本人は子供のころ、プラモデル作りでこの部品とこの部品が『はまる』という感覚が身に付いている。しかし、フィリピン人は、はまらないネジを強引に穴に入れてしまう。これでは、修理しても長持ちせず、日本人からクレームが来ます」

その一方で、「『日本人だ』と思い上がってはいけない」というのがフィリピンで得た教訓だそうだ。

「フィリピンで働かせてもらっている。みんなのお陰でフィリピンにいることができる」という謙虚さがなければ、彼らと協調していくことは難しいという。

一つのエピソードを披露してくれた。

工場と壁を隔てた隣にあるスクウォッター（違法占居民。地方から出てきた人が勝手に簡素な家を建てて住みついている）の居住区が、大雨で冠水し、生活に大きな支障を来した。そこで、水をせき止めていた壁に穴を空け、工場の溝に水を通してあげた。こんなやりとりが、お互いの心に血を通わせる。

「金持ちだと思い上がっていると、ひどい目に遭う。フィリピン人はそういう人間に対しては手厳しい」

日本大使館に在留届を提出していない人を含めると、数万人の日本人がフィリピンで生活していると言われる。高級住宅街で一般社会と関わりを持たずに暮らす大手日系企業の社員や家族らが多いなか、中村さんは、フィリピンに同化した日本人の一人と言うことができそうだ。

法定最低賃金、日給二五〇ペソ（約六二五円）の従業員七人と一緒に彼は油まみれで働いている。

「ただね、時々カミさんや子供に対してすまないと思うこともあります。ほかの日本人の家に招待された時など、カミさんは明らかに生活の違いを感じるでしょう。『どうして、私は日本人と結婚したのにこんな暮らし向きなのか』とね」

フィリピンでは、日本人は誰もが金持ちと思われている。

しかし、好きなことを仕事にして楽しい毎日を送るという、こんなに単純なことを実現している人が、この世の中にいったい、どれほどいるだろうか——。

「価値観の違いがあり、フィリピンと合わない日本人もたくさんいるでしょう。しかし、サービスが飽和している日本では、好きなことをして金を稼ぐことが難しくなった。その点、フィリピンにはまだチャンスがたくさんあります。こんな生活でよければ、いくらでもできる国ですよ」

現在の生活を包み隠さず話してくれたのは、自分への自信の表れだろう。「敗者復活みたいな人生ですけどね」と少し照れて見せた。

タレント・マネージャー

10 西塚尚弘

Nishizuka Naohiro

いい加減にこの国に関わっていると、いつか痛い目に遭いますよ

一九六一年八月二一日生まれ（39）。青森県南津軽郡出身。
県立青森東高校卒業。一九九七年フィリピンへ
勤務先＝フリー
肩書き＝なし
労働条件＝不定
住まい＝マニラ首都圏パサイ市のアップアンドダウン。一階はＬＤＫなど、二階に2ベッドルーム。家賃六六〇〇ペソ

日本の「フィリピンパブ」などで働くホステスやダンサー（タレントと総称される）を発掘するのは、俗に「マネージャー」と言われる人たちだ。

フィリピーナの日本行きは、①リクルートするマネージャー、②タレントの訓練と出国手続きを行なうプロモーション、③日本側のプロモーション、④受け入れる店、の四者が調整を行

ないながら進められる。また、これらはライセンス商売だから、素人は簡単に手出しできない。そんな予備知識を持って、マネージャー歴一年、タレント業界に新規参入した西塚尚弘さんを取材した。

フィリピンに住む日本人の間で「西さん」と呼ばれ親しまれている西塚さんは、イメージしていた「夜の世界」の人とは少し違う。どこかうさん臭く「さすが、本場フィリピンだ」とうならせるような外見ではなく、かといってポロシャツ姿なので「紳士」という感じでもない。休日に公園で見かける「優しいお父さん」というのが妥当な表現だろうか。

しかし、話を聞いてみると、なかなか波乱に富んだ人生で、人材発掘業にふさわしい経歴と戦略眼を持った人だった。

マネージャーに最も必要な能力は、パブで大いに活躍してくれそうなフィリピーナを見つけ出す「眼力」だ。フィリピーナが店にお金を落とす客をたくさんつかまえれば、マネージャーは店から信頼されタレントの追加依頼につながる。また、そんなフィリピーナを何人もスカウトできれば、この業界では安定収入が約束される。

「フィリピンにいるからには、一度はこういう仕事を経験してみたかったんです」

マネージャーを始めたきっかけをそう語る。

西塚さんは一九九七年、日本で関わっていたアムウェイの現地事務所、フィリピン・アムウェイ立ち上げのためフィリピンへやって来た。それから四年、フィリピンでのアムウェイ普及に尽力したが、「高品質志向」は在留日本人と一部階層のフィリピン人にしか受け入れらず、現在は休業している。本格的にタレント業界へ進出したのは、二〇〇一年三月からだ。

スカウトの舞台は、主に「カラオケ」と呼ばれる日本のフィリピンパブと同じスタイルの店。しかしマニラでは、プロモーターの手が付いていないフィリピーナを探すことは困難なため、もっぱら離島でのリクルートが中心だ。かといってやみくもに離島へ飛んでいては、時間や金の効率が悪い。西塚さんは別の日本人と組みセブ島の西隣、ネグロス島を活動の拠点としている。

「なかなか難しい仕事ですよ。女が好きだから、では勤まりません。顔やスタイルだけでなく『お客さんをいかに楽しませて、お金を落としてもらうか』というGRO（ゲスト・リレーションシップ・オフィサーの略。フィリピンで「ホステス」というと、売春行為をする人まで含むため好まれない）としての適性を判断することが大切です。いい加減な子では途中で店を逃げ出したり、すぐにお客さんとデキてしまったりします。ビザの期限の六ヵ月間、まじめに働いてくれる子かどうかを見極めなければなりません」

その結論が、「クラスA半」と言われるフィリピーナ。顔やスタイルは「A」より劣るが、性格がまじめで、日本行きのリピーターになってくれる子だ。

「もちろん、僕のところにはクラスAのタレントもいますよ（笑）」

一度、勤めを終え帰国したフィリピーナは日本語も達者になり、再び日本を希望すれば店側が高値で契約してくれる。

マネージャーの仕事は、女の子をスカウトして終わるわけではない。マネージャーが確保したフィリピーナはプロモーションに預けられ、プロモーター（プロモーションで働く人）の厳正な審査の下でふるいに掛けられる。プロモーターの目にかなって初めて日本行きが決まり、六ヵ月の勤めを最後まで終え無事帰国して初めてマネージャーに金が入る。

「以前、プロモーションの仕事も勉強のためにやりました。プロモーションは店や日本側のプロモーションが希望する日程に合わせ、適正な人数のタレントを確保しなければならない。六ヵ月サイクルで女の子は回転していますから、一人の子が帰国するタイミングに合わせて別の子を送らなければなりません。これに最も神経を使うんです。この簡単そうなことがなかなか簡単でない」

パスポートや査証取得などの出国手続きが予定通り進まなければ、店側の要望に応えることができなくなる。また、「商品」とはいえ相手は人間。機嫌を損ねられたり、変に出国をごねられれば、これまた大変だ。

フィリピーナが日本で働けば、一人当たり一ヵ月二〇〇～三〇〇ドル（約二万四〇〇〇～三万六〇〇〇円）がマネージャーである西塚さんへ入ってくる。フィリピンサイドではマネージャーのほか、タレントが四〇〇～五〇〇ドル、プロモーションが二〇〇～三〇〇ドルというのが業界での大まかな金の流れだ。タレントの頑張り次第でタレントも店も潤い、マネージャーへの信頼やインセンティブにつながる。

「五〇人のタレントを常に日本に送り出している状況が理想でしょう。そうすると、平均して一月当たり七〇万円くらいの収入になります。ただ、経費も大きい。一人にかけた経費を回収できるのに一年から一年三ヵ月かかりますから、この仕事一本で食べていくには、金銭苦と闘う覚悟が必要です。今、その真っただ中ですが（笑）」

西塚さんは一九六一年、青森県南津軽郡の精肉店に四人兄弟の末っ子として生まれた。現在は三九歳。県下随一の進学校、青森東高校を卒業しながら、高校一年の時にのめり込んだ音楽の世界で生きていくため、大学に進学せず上京した。

東京ではドラムの巨匠、林立夫氏に弟子入り、二〇代プロドラマーとして白井貴子や「思い出がいっぱい」で有名になったH２Oのバックバンドなどで活躍していた。全く売れなかったというが、クラウンレコードからメジャーデビューしたこともある。

林氏の紹介でアムウェイを始めたのが八三年ごろ。アムウェイを通して、人一倍多くの人に出会った。そして、林氏からフィリピンで生きていく上でのアドバイスをたくさん受けた。

「ネガティブな面だけが誇張されることもあるアムウェイですが、僕には人脈づくりの場として大きく貢献してくれました。『フィリピンには西がいる』とたくさんの友人が僕を訪ねてきます。人をあざむかなかったのがよかったんでしょうね」

実は、西塚さんと会ったのはこの取材が初めてではない。ご子息が通う日本人学校を取材した時、たまたま父兄としてのコメントをいただき、その際、電話番号を控えたのがきっかけでその後の付き合いが始まった。

本書の取材対象者として選んだのは、冒頭にも書いたが、「それ」らしくない人だったからだ。趣旨からはずれるため長くは記さないが、フィリピンに関わる日本人には、偏見なく悪い人間が多い。「日本人が日本人を食う」という言葉があるように、詐欺師まがいの人が大手を振って歩いている国、それがフィリピンだ。

しかし、西塚さんにそのにおいはなかった。それだけではない。その後、西塚さんから紹介された人たちがみな、信頼できそうな人だった。「できそうな」とは失礼だが、そう言わざるを得ない国事情は分かってもらえると思う。

「例えば、ある新規事業に誰かが出資するとします。目先のお金をどれだけ搾取しようと考えるのが多くのフィリピン人ですが、日本人は比較的、先を見る目を持っている。けれども、どういうわけかこの国にいるとそうじゃなくなってしまう人が多い。実際、何人も見てきました。僕はこの国の良い所を取り入れながら、日本人の長所を仕事や人間関係に生かしていきたいんです」

西塚さんは、「まじめ」に業界に関わることで同業との差別化を狙っている。一見、簡単そうに見えるため、多くの人は非合法でマネージャー業を行なっている。しかし、それでは事業を拡大することはできないし、いずれ足がつく。ちなみに、無許可でマネージャー業を行なった場合、最高で終身刑が科される。

西塚さんは、日本サイドのプロモーションに所属するほか、奥さんもマネージャーのライセンスを持っている。

「フィリピンだからこそ、信用を築くことが大切なんです。付き合う相手も慎重に選ぶ必要があるでしょう。また、悩んだ時に助言をしてくれる人、これが最も大切です。いい加減にこの国に関わっていると、いつか痛い目に遭いますよ」

タレント業は、アムウェイを休止して自ら興す初めてのビジネスになる。海外就労者からの送金が国民総生産の三割近くを占めているフィリピンで、日比間に根を下ろしているこの業界のからくりを、一から勉強することが本当の目的だ。

「まだまだ経済的に発展途上の国。その国の仕事のなかで、僕はフィリピンでしかできない仕事にこだわっていきたいんです。タレント業をしながら、どんな可能性を秘めている国か、見定めていきますよ」

フィリピンの悪い部分だけに染まってしまう日本人が多いなか、西塚さんの成功を願わずにはいられなかった。

なお、西塚さんのご好意で、メールアドレスを掲載します。

ご相談等がありましたら、「nhero@skyinet.net」へご連絡ください。

日本料理教室講師
荻野弘美さん

Ogino Hiromi

⓫ ここで帰ったらもったいないような気がしてきたんです（笑）。

一九六五年四月一日生まれ（36）。神奈川県川崎市出身。
一九九五年フィリピンへ。
勤務先＝「マヤ・キッチン」や日本食材店など
肩書き＝特になし
労働条件＝？
住まい＝マニラ市ビトクルーズのアパート。家賃六五〇〇ペソ

マカティ市パサイ通り沿いには、居酒屋やレストランなどの日本食店が数多く建ち並ぶ。荻野弘美さんはその一角にある料理教室「マヤ・キッチン」で働いている。現地の大手食品メーカーが経営する「マヤ・キッチン」は、フィリピン人の主婦らを対象に日本食をはじめとする世界各国の料理講習を行なっている。荻野さんはここで、月一、二回の割合で日本食について教えている。

講習をのぞいてみると、一段高い壇上の特設キッチンで荻野さんが寿司やすき焼き、天ぷらなどの和食を次々と披露、三〇人余りのフィリピン人受講生が真剣な面持ちでそれを見ていた。天井には大きな鏡が張り付けられ、壇上で行なわれているすべてが見えるようになっている。メモをとっている人もいた。

時折、受講生から質問が出る。

「釜飯はサイドディッシュになるのでしょうか?」

外国人らしい質問に、少し頭をひねりながらも的確に英語で回答する。「なるほど」とうなずく受講生。三六歳、フィリピン在住六年でここまで登り詰めれば言うことはない、そんな見事な立ち振る舞いだった。

講習が終了した後、荻野さんの料理をいただきながら話をうかがった。

「料理人としてフィリピンに来たわけじゃないんです。初めは日本語講師のボランティアがきっかけでした」

フィリピン人に日本語を教える財団が、新聞広告で講師のボランティアを募集していた。

「日本語を教えながら英語やフィリピノ語が身に付きます」という触れ込みだった。日本船に乗り込むことを希望する船員たちが生徒で、日本語を習得し、少しでも良い条件で就職しようと意欲を持っていたことを後で知った。

荻野さんは東南アジアやヨーロッパ、米国本土への一人旅の経験を持ち、以前から海外への関心が高かった。中でも、当たり前のことだが、それぞれの国がそれぞれ固有の文化を持っていることにひときわ大きな興味を持った。しかし、その一方で「日本人でありながら、どれだけ自国の文化を理解しているか」と自省し、ＯＬ時代に茶の師範や着付けの講師免許を取得したりもした。

「次は日本の文化を海外に伝える番。ボランティアの求人は良いチャンスだと思いましたが、応募を決めるまでに一年間、迷いました。以前、訪れて気に入っていたアメリカのニューオーリンズに語学留学することも考えてましたので……」

二つをてんびんに掛けてみた。しかし、先立つものは金である。金のかかりそうな米国留学はいったん保留、フィリピン行きを決意した。一九九五年七月、三〇歳の時だった。

初めてのフィリピン。空港へは財団関係者が出迎えに来てくれた。が、連れて行かれたのは、台所もないひどく粗末なマニラ市エルミタのペンションハウス。長期間滞在する覚悟で来たこともあり、即、引っ越しを決意した。マニラ生活の第一歩は、家探しから始まった。

新居はボランティア仲間の紹介で日本語教室に歩いて通える場所にした。マニラ市ビトクルーズにある家賃一ヵ月六五〇〇ペソ（当時、約三万円）のアパート。一軒家の各部屋を別々に貸し出すタイプで、キッチンやシャワー、家具など、生活に必要な物は一通り揃っていた。しかし、一つ大きな問題があった。フィリピンの家探しで最も気をつけなければならない「水事情」である。雨が降るとすぐに冠水する地域だったのだ。また、乾季になると水圧が下がり、二階にある荻野さんの部屋はほとんど水が出なくなる。

フィリピンの水事情は極めて悪い。六月からの雨季には、日本で言う梅雨の数倍の雨が降り、それが一一月ごろまで約半年間続く。雨が降るとドブに水が流れるのが日本だが、フィリピンでは雨が降ればそのままたまり、乾くまで残っている。

「洪水になると腰までずぶずぶつかりながら帰宅しなきゃいけない。けれどフィリピン人は洪水を楽しむ術を知っていて、子どもは水遊びしたり、船を出したりしてはしゃいでます。でも、慣れていない日本人にとってはもう大変です」

しかし、荻野さんも「慣れた」。現在まで六年間、そこで生活している。

日本語を通し、文化を伝えようと意気込んでフィリピンに来たが、日本語教室でのボランティアは五ヵ月間で終了してしまった。財団の不明朗な会計が問題になり、面倒に巻き込まれる前に自ら手を引いたという。また、すべてが自費のボランティアだったため、生活費も底をつき始め、何か別の仕事をしなければフィリピンに滞在すること自体が難しくなってきた。

しかし、仕事といっても見つけ方が分からない。一体、自分に何ができるのかもよく分からなかった。幸いなことに、ボランティアを通じて知り合った日本人女性が、親身になって相談に乗ってくれた。

「以前、日本で印刷会社や広告代理店に勤務していたことがありまして、その女性の紹介で日刊マニラ新聞の広告部でアルバイトをすることになったんです」

邦字新聞社といえば、現地に在住する日本人に関する情報がどこよりも多く集まる場所だ。仕事を探す手段に困ることはない。マニラ新聞を通じさまざまな仕事があることを知り、フィリピン行きの原点だった「文化の紹介」には、日本料理が最適ではないかと気づく。

荻野さんはフィリピン渡航前に、二年ほど銀座の懐石料理店で仲居をしたこともある。趣味を聞かれると「料理」と答えるほど、料理が好きだった。日刊マニラ新聞の紹介で、首尾よく老舗といわれるパサイ市の高級日本食レストランへの就職が決まった。

着付けや茶道などの経験が生き、肩書きは店員の教育訓練を担当する「インストラクター」。現地採用としては破格の待遇で、給料はベテランのフィリピン人ウエートレスの四倍だったという。しかし、そこに落とし穴があった。

「フィリピン人からねたみの対象になってしまったようです。いづらくなってしまい、結局辞めることになりました。早い話がいびり出されたんです」

せっかく見つけた好条件の仕事だったが、勤めたのは半年間だけだった。

しかし、知人に紹介され再就職することになる次の日本料理店との出会いが、荻野さんと料理との関わりを強固なものにする。

入店一ヵ月後、その店の料理長が何かの理由で退職した時、彼女は社長に呼ばれた。

「キミ、料理できるよね」

履歴書に「料理が趣味」と記入していたことが社長の目に留まり、急きょ料理人のお鉢がまわってきたのだ。しかも、近々市内のホテルに開店する支店もあわせ、二つの店を担当する料理長という出世（?）ぶりだった。

「出世なんてもんじゃない。えらいことになった、というのがその時の気持ちです。店では料理だけでなく売り上げの計算から仕入れまで、何もかもやらなくちゃいけない状況でした」

荻野さんに重圧がのしかかる。

「品切れの出ない仕入れの感覚がなかなか分からなくて。また、ウニが市場に出回らない時期があることを知らずメニューに載せてしまい、大好物のお客様が来るとマニラ中の日本食レストランへ調達に走ってました」

平穏無事に一日が終わったことなどなかったという。疲れ果てた荻野さんは九七年二月、日本に帰国することを理由に辞職を申し出る。この時点でフィリピン滞在は一年半を超え、正直「潮時」とも思った。

しかし、結局は帰らない。

「ここが私らしいところかもしれません。意地っ張りなんですね。変な時に『苦あれば楽あり』なんていう言葉が頭の中をくるくる回るんですよ。ここで帰ったらもったいないような気がしてきたんです（笑）」

日本料理店を退職し、荻野さんに一時の休息が訪れた。翻訳の仕事などをしながら、料理の世界から離れることも考えた。しかし、料理以外で自分に何ができるのか。そんな自問自答をしている時に、現在働いている「マヤ・キッチン」と出会う。

一年半の在比生活で、彼女は料理業界のちょっとした有名人になっていた。日本食講師の欠員が出たことから、知人を通して指名がかかった。

「人に教えることは、日本語教室の体験から抵抗はありませんでした。教室のマネージャーも『ぜひに』と言う。けれども、実演してみると、『料理』と『教える』ことがマッチしない。二つとも嫌いではないはずなのに」

自分なりの教え方ができるまでに二年かかった。

荻野さんは、二〇代後半から減量目的でベジタリアンの生活を送っていた。しかし、フィリピン料理は肉が中心で、しかも油を多く使う。体力保全のため、フィリピンではベジタリアンを押し通すことができなくなった。日本料理に関わりながらもフィリピン料理を受け入れたことで、フィリピン人の気持ち、生活、文化への理解に幅ができた。

料理教室のクライマックスは、巻き寿司に野菜などを包んだ洋風の「カリフォルニアロール」。巻き終わった棒状態の寿司に包丁を入れ、きれいな「切りかぶ」が現れると、受講生から驚嘆の声が上がる。「マジックショーだ」と言う人もいた。

「漠然とした言い方ですが、日本でできないことが、海外ではできることがある。また、フィリピンでしかできないこともある。それがフィリピンの魅力です。フィリピンでは、日本でのすべての経験が生かせます」

周囲に振り回されず自分のペースで歩いていける。厳しいこともたくさんあるが、そんなことが吹き飛んでしまうような楽しさに出会えば、再びパワーが戻ってくる。わがままを理解してくれる両親、離れていても励ましてくれる友人、日本では出会うことがなかったであろうフィリピン人の友人。彼らに感謝しながら、マニラでの生活は続く。

邦字紙記者
⑫浅田光博
Asada Mitsuhiro

気負うばかりでなく「バハラナ」ぐらいの気持で来てみてください。

一九七〇年三月一一日生まれ（31）。愛知県知多市出身。
明治大学政治経済学部卒業。二〇〇一年フィリピンへ。
勤務先＝「日刊マニラ新聞」
肩書き＝記者
労働条件＝週休一、二日
住まい＝マカティ市内のコンドミニアム。2ＬＤＫタイプ。
家賃一万三五〇〇ペソ

『フィリピンで働く日本人』というこの企画で、私は六人の人を取材しました。

「ところで、そういうお前は一体何者だ」という質問（?）に答えるため、最後は自分のことを書きます。といっても、フィリピンでの生活は、まだ四ヵ月余りですから、フィリピンのことを隅々まで知っているわけではありません。ただ、妻がフィリピン人で、日本にいた時から少なからずフィリピンとの関わりはありました。

フィリピン人の妻を選び、フィリピンを初めて訪れたのが一九九八年の年末。その時から、私の生活は少しずつ変化していきます。所属していた会社が経営コンサルタント会社の出版部門で、これまでは会社経営に関する記事を書くことが大半でしたが、「フィリピンのことを書きたい」という想いが日増しに募ってきたのです。

日本で約一年間、渡比を繰り返しながらフィリピンの庶民生活などを出版社に投稿、採用してもらっていました。しかし、日本でフィリピンを書くのに限界を感じ、「実際に住んでみなければこれ以上のことは書けない」という思いがコンプレックスになってきたのです。そんな折、以前からホームページを見ていた日刊マニラ新聞に記者募集の広告が出ているのを見つけました。それが、二〇〇〇年の一〇月ごろ。そこからの動きは早かったと思います。実際に決心し、人にも言ったのは二〇〇〇年の年末のことです。

私には幸い、家族のほかに相談に乗ってくれ的確なアドバイスをしてくれる人がいました。年がひと回り上のフリージャーナリストで、若かったころアフガニスタンゲリラに従軍し流れ弾を受けた経験を持つほど、無鉄砲な生き方をしてきた人です。よく「お前を見ていると自分の若いころがだぶって見える。お前もがんばってほしい」と言ってくれていました。公私ともに世話になった彼の「だめだと思ったらいつでも帰ってこい。また、日本で一緒に仕事をしよう」という言葉が最後の決め手となりました。

この本の読者の方は、当然フィリピンに興味を持っているでしょう。そんな方が、もし少しでも「フィリピンで働きたい」と思っているなら、迷うことなく実行に移した方が良いと思います。迷えばそれだけ決心は鈍り、もしいればですが、子供は大きくなり環境への適応が難しくなります。また、何より自分が年をとり、失敗した時のリスクが大きくなるでしょう。

私には六歳と一歳半の子供がいますが、フィリピン行きの決断は、子供のことを考えると今回を逃せばもう二度と来ないような気がしました。ちょうど、長男が日本で幼稚園を卒園したての小学校入学前で、その意味でもタイミングの良い決断だったかもしれません。

決心はしたものの、出国までに多くの問題を解決しなければなりませんでした。海外で生活した経験のない私は、いまひとつ海外生活がピンときません。情報不足が原因だと思い、まず、海外生活やフィリピン全般についてのアドバイスをしてくれる情報網を探しました。具体的には、当時住んでいた大阪のＪＥＴＲＯ（日本貿易振興会）付設の図書館で海外生活に関する本を読んだり、アドバイザーと面接したり。また、以前から付き合いのあったＢＰＣネットワークセンター（大阪ビジネスパートナー都市交流協議会）という、アジア地域と大阪市とのビジネスマッチングを行なう団体の方々にも、多くのアドバイスをいただきました。これまで書いた原稿を通じて知り合ったフィリピン関係者からの励ましにも大いに勇気づけられました。

意外と役に立ったのは、最近はやりのＭＬ（メーリングリスト）です。複数の人が情報交換するための掲示板のようなもので、登録者が発信するeメールがすべての登録者に配信され、複数の人と双方向のやりとりを可能にする優れものです。フィリピンに関わっている日本人（一部、外国人）が参加していたこのMLには、フィリピンで会社を経営している人、以前フィリピンに住んでいたが今は日本で生活している人、フィリピンのことを研究している大学関係者やフィリピンパブにはまっている人など、さまざまな人がいました。このMLから、本などにはない属人的な情報、例えば子供の教育問題や、住む場所はこんなところが「穴場」だ、などという生の情報をたくさん提供してもらいました。

出国を決意してから、これらの方法で情報をかき集め、それと並行して具体的な移住手続きに入りました。

一番大きなビザの問題は、妻がフィリピン人ということで簡単にクリアできました。フィリピン人の配偶者には、「バリックバヤン」といわれる一年間の滞在許可が、マニラ国際空港への申請で即、取得できます。これは、フィリピン人を配偶者に持つ私たちの大きな特権です。子供にも適用されます。

引っ越しも、金のかかる大きな作業として大切な問題です。これに関しては、大失敗しました。貴重な情報源だったMLで知り合った、食品などの輸入を行なうYという男に発注した引っ越しは、荷物の到着が予定より二週間遅れたばかりでなく、五万ペソ（一二万五〇〇〇円）の追加費用を支払わなければならない始末となりました。

二国間の荷物の出し入れには、国内の引っ越しにはない税金の支払いや通関手続きなどが伴います。

「引っ越し業は初めてだ」というその男と私に、税金や通関手続きに関する細かい知識がなく、男はコンテナの出港後は責任を回避。結局、私と妻がフィリピンの関税局に何度も足を運び、当初の支払いに含まれていたはずの通関手数料をすべて自己負担する羽目になってしまいました。

このような点から、引っ越しは、多少高くつきますが専門の大手引っ越し会社か、ドアツードアという日比間の宅配サービスを行なっている「有名どころ」に依頼するのがベストです。また、日本で処分できる物はなるべく持ち込まないこと。電化製品に関しては、フィリピンと日本では電圧が違うため変圧器を介さなければそのまま使用することができません。変圧器にもいろいろあり、例えばエアコンなど大きな電力を必要とする物は高額です。結局、わが家も二台のエアコンが、使われないまま倉庫に眠っています。インターネットオークションを利用したり友人や質屋に声をかけるなどして、よほど思い出が詰まっている物を除きすべて処分し、身軽に出国するのが賢明です。

次に子供の教育問題ですが、これは妻子と何度も話し合い、慎重に結論を出しました。

小学校入学といっても、いくつかの選択肢があります。大きく分けて、ＭＪＳ（在マニラ日本人学校）、フィリピンの公立小学校、同私立小学校、ＩＳ（インターナショナルスクール）などです。わが家の場合、前述した通り妻がフィリピン人ですから、混血児である子供を「ナニジンとして育てたいか、また育ちたいのか」というのが話し合いの焦点となりました。

話はそれますが、そもそもフィリピン移住について、妻は口には出さなかったものの反対でした。

「何で安定した生活を捨ててフィリピンにギャンブルうちに行くの？」というのが彼女の本音です。確かに、妻は日本で外国人という差別も受けることなく近所の奥さん方と毎日楽しくやっていました。ところが私の決断で、生まれ故郷に帰ることを喜んだ反面、経済的に発展途上のフィリピンで生活していくことに、子供の将来を重ね合わせ不安を持っていたようです。妻は日本が好きで日本に来ました。一方、私はフィリピンが好きでフィリピン人と結婚し、フィリピン行きを決意しました。

フィリピン好きの日本人と日本好きのフィリピン人。意外にもここに大きなギャップがあり、一概に多くの人が言うような「奥さん、喜んでるでしょ」という状況ではありませんでした。

話し合いを重ねた結果、長男は地元の私立小学校に通わせることにしました。ＭＪＳにも多くの混血児が通学していますが、同校の教育体系はあくまで日本に帰国することを視野に入れたもので、今のところ帰国する予定のないわが家は選択肢から外しました。また実状は分かりませんが、同校ではフィリピンで生活するメリットを享受できないのではないかという懸念もありました。地元の公立小学校は施設面などから除外、ＩＳも魅力的でしたが、高額な学費面（年間約一万ドル、一〇〇万円以上）から却下しました。

意外と思う人がいるかもしれませんが、フィリピンでは一部富裕層のために私立校を中心に教育制度が充実しています。中でも、いま私が苦しんでいる英語は幼稚園の時から細かな指導が施され、「国際人」として生きていくのに十分な環境です。長男の学校も、学費が私立小学校としてはやや高額（年間四万ペソ、一〇万円）ですが、混血児や外国人が多く手厚いフォローが望めそうだとの理由で選択しました。長男も広い運動場を見て納得した様子でした。ほかにも、自宅と会社から近く、通学が困難にならない範囲内で「評判の良い」私立小学校三、四校に足を運び、学校の教育方針などを何度も確認しました。

「ナニジンに育てたいか?」の結論は現在も出ていません。私は日本人ですから、やはり日本人として生きてほしいと思います。ただ、自国と欧米にしか目がいかない中途半端な日本人に育ってほしくはありません。妻も「日本に帰りたい」といつも言っていますが、人に優しい、感受性の高い人間に育ってくれれば、あとは子供自身の問題だという意見です。日比双方の「良いとこ取り」をし、両国の人間になれる可能性をできるだけ残そうという考えで妻子とも納得しています。既に日本語のほか、フィリピノ語を話し始めている子供を見ていると、将来が楽しみです。

フィリピンでの生活は四ヵ月になろうとしています。しかし、残念ながら今の生活を「楽しい」とか「充実している」とはまだまだ言えません。私がぶつかっている壁は「言葉」です。ほとんど英語もフィリピノ語も話せない状態でこの国に来ましたから、記者として「仕事にならない」というのが現状です。今も、この原稿を書いている横で日本人とフィリピン人の記者がフィリピノ語で激しいやりとりをしていますが、何を話しているのかほとんど分かりません。

フィリピンに来る前、二ヵ月ほど英会話学校に通い、また四ヵ月の生活で幾分、英語、フィリピノ語とも上達したと思います。しかし、まだまだ自分の書きたいことを取材できるレベルではありません。書きたくても書けない苦渋をなめ、ある時は極度に落ち込み、ある時は戦っている自分が格好良くも思えてきます。今の生活を自分の試練だと思い、自分に言い聞かせているのが現在の生活です。そんなわけで、私の主な仕事はフィリピンに住む日本人社会の取材です。この企画もそうですが、これがなかなかおもしろい。

一万人を超すといわれる在留邦人の多くは、企業の駐在員や政府機関の人たちです。しかし、最もおもしろいのは彼らとは別の、自分の意志でフィリピンに来た少数派の人たち。ヤクザまがい、いやヤクザもたくさんいますし、この企画にも登場する「フィリピンならでは」人たちから学ぶことは多いです。まず、価値観の「はかり」が違います。金とか名声とかありふれた物ではなく、「好きなことをやる」とか「自分にしかできないことをやる」など、幼稚なのか、逆に精神的に成熟し過ぎているのか分からないようなことを皆、口にします。金にこだわりすぎていっこうに芽がでないような日本人もいます。こうしたフィリピンのおもしろさを、日本人の読者に少しでも伝えていけたらと思っています。

妻と出会い、フィリピンと関わり始めて八年が経過しました。当時はまさかフィリピンに住むとは思っていませんでしたが、そんな私もフィリピンで暮らしています。

国際化が叫ばれるこのご時世、気負うばかりでなく「バハラナ」（フィリピノ語で「なるようになる」の意）ぐらいの気持ちで来てみてください。多分、フィリピンはそんな人に最適な国だと思います。

あとがき

マニラには一六世紀の徳川時代、すでに二つの日本人町があり、最盛期には三〇〇〇人の日本人が暮らし、働いていた。幕府の鎖国政策でその数は激減したが、明治後、再び渡航者が増え始めた。マニラ在住邦人の職業別調査によると、道路作業員、商人、大工、漁民らとともに娼婦「からゆきさん」が少なくなかったのに驚く。明治以降、太平洋戦争が始まるまでの期間に五万三〇〇〇人を超える日本人がフィリピンに渡っている。同じ期間、東南アジアに渡航した日本人の七割に当たるという。日本とフィリピンの人的交流の歴史は長い。

現在、フィリピンで邦人社会を形作っているのは、大使館員らの在外公館員、政府機関・企業などの駐在員、現地採用者、留学生と、「その他」に大別できると思う。この中で、本書のインタビューに登場していただいたのは、主として現地採用者である。当地の邦人社会では少数派に属するが、日常、フィリピン人とよく付き合っている人たちである。

本書のテーマと直接関係はないが、フィリピンの邦人社会では、「その他」に分類される人たちの幅がとてつもなく広い。それが特徴といえる。「その他」は起業家、定年退職者、NGO関係者だけでなく、詐欺師、ヤクザ、チンピラから指名手配の容疑者まで種々雑多である。

中には、拘置されている出入国管理局の収容所内でホットドッグ屋を開き、収容者に売って生活費を稼いだり、フィリピン人に物ごいをして暮らしている邦人もいる。日本で犯罪を犯し、フィリピンに逃亡する者の数は常時二〇人といわれ、他国を圧倒的に引き離している。逃亡者にとってフィリピンは魅力的な国になっている。フィリピンが日本に近いことだけが理由ではない。もっと近い国はある。日本の社会からはみ出した人間でも受け入れる素地が、この国にはあるようだ。

どこの国でもそうだが、「郷に入っては郷に従え」で、文化や人々の気質、習慣を知らなければ溶け込めない。日本の常識を通そうとし、それが通らなければ「理不尽だ」と目くじらをたてても始まらない。

例えば、都市交通。フィリピンでは交通信号を守らない人々が多い。交通警官や交通整理員がいなければ、赤信号であっても車や人は平気で交差点を渡る。裏を返せば、青信号でも、十分に注意する必要がある。ところが、信号を半ば無視しているようでも、不思議と事故は少ない。運転手が互いに相手の出方をうかがって運転しているからで、日本に比べても事故は少ない。信号に縛られるよりも、人と人との阿吽《あうん》の呼吸で秩序が保たれている。それがフィリピンのしきたりといえそうだ。都市社会では、車も人も交通信号を守るべきだと思う。だが、信号を守らないからといって目くじらをたてていては、横断歩道一つ渡れない。その国の風習にどれだけ早く慣れるかが、外国で暮らす生活の知恵でもある。

本書はもっと早く発行される予定だった。脱稿を忍の一字で待っていただいためこんの桑原晨社長の寛容さに甘えたことをお詫びし、お礼を申し上げたい。そして、日常の取材業務の合間に取材、執筆に当たった記者、側面から彼らに協力した他の記者やフィリピン人社員に感謝したい。（野口裕哉）

海外へ飛び出す②
working in PHILIPPINES

INFORMATION

めこん

Information ■目次

旅立つ前に

❶日本からの荷造り

マニラでは近年、テレビ、ビデオ、コンピューターなどの電気製品をはじめ、包丁など台所用品、醤油やわさび、パン粉などの食材調味料のほとんどが手に入るようになった。また厚手の衣類は不要で、Tシャツや半袖で年中過ごせる。

したがって、マニラで働く日本人の多くは、身の回り品だけを航空機の手荷物で持参する。また最近では、日本からフィリピンへの段ボール詰めの宅配便を利用する人が増えている。マニラ首都圏内なら2週間くらいで指定の場所に配達される。ただし、荷物の内容によってはマニラの税関で課税されることもあるので、トラブルが発生しないよう事前に業者との打ち合わせが必要だ。

❷入国の際のビザ

入国の際、通常は出入国管理法（Immigration Law）で定められている「ビザ」（入国・滞在許可）を取得する必要があるが、日本人は帰りの航空券があれば到着時に空港で21日間の滞在許可のスタンプがもらえる。

滞在が21日を越える場合はフィリピンの出入国管理局で観光ビザ（9a）を取得し、入国日から最高1年まで延長可能だ。ただし、1

日本食材コーナー（マカティ市のランドマーク内食料品売り場）

回目の延長は38日間で、２回目からは１ヵ月毎というように毎月の延長手続きが必要。たまに２ヵ月の延長も認められることがある。自分で手続きできるが、勝手が分からないと、入管でたらい回しにされて時間がかかったり、高額の手数料を求められたりすることがある。旅行代理店など専門の業者に委託する人もいる。

フィリピンに来る前に在日フィリピン大使館または領事館でビザを取得することもできるが、ほとんどの人がフィリピンでビザ手続きをしている。（詳しくは*49*ページからの「ビザと外国人労働許可証」の章を参照）

日本から持参した方がよい物

- ●薬品（薬品の商品名以外に成分名がわかればフィリピンでもほとんどが入手できる）
- ●使い慣れたパソコン（ただし、使用には変圧器が必要）
- ●日本語コンピューターソフト
- ●文庫本や小説
- ●急須、陶器製のコーヒードリップ（ドリップ用ペーパーは売っている）
- ●英和・和英辞書、フィリピノ語会話練習帳、国語・漢和辞典
- ●戸籍抄本（発行後３ヵ月以内のもの。日本大使館で発給する在留証明書や旅券更新時などに必要）
- ●運転免許証（フィリピンの運転免許証取得に必要）
- ●デジカメ（日本の方が安い）
- ●カメラ（フィリピンでも最近、比較的安く購入できる）
- ●印鑑用朱肉（フィリピンでは通常、サインが印鑑代わりをする）
- ●太字ボールペン、筆ペン
- ●弁当箱
- ●家ダニ、ゴキブリやネズミなどの害虫駆除・予防剤
- ●かゆみ止め
- ●風呂で使うあかすり
- ●ズボンの毛玉とり
- ●旅行用ドライヤー
- ●木綿の下着（木綿製品はやはり日本製が人気。女性用下着類は日本製がフィリピン人にも人気がある）

フィリピンで購入した方がよい物

- 衣類（靴、カバン、ベルト、ネクタイなど。高級ブランド物はデパートやブティックで日本より安価で購入可能。ただ、商品が気に入るかどうかは別）
- 家電製品（テレビ、ビデオ、ラジカセ、CD プレーヤー、洗濯機、掃除機、冷蔵庫など。フィリピンの電圧は220ボルトなので、100ボルトの日本製品をコンセントに差し込んで壊すうっかりミスも多い）
- 変圧器（フィリピンのものが安くて丈夫）
- 家具（木製、籐製も安価）
- 食器（台所の流しの三角コーナーはじめほとんどの物が購入できる）
- 文房具（ホッチキス、はさみ、定規、ファイルなど）
- 日本食材（ほとんど手に入る）
- 携帯電話（日本製は使えない）
- コンピューター（日本語環境にすれば十分使える）
- 眼鏡、コンタクトレンズ（フィリピンの方が安い）

日常生活

「メードと運転手付きの生活ができる」「休日はダイビングで気分転換」「ゴルフ三昧の生活」…。

日本の書店では最近、フィリピンでの生活を綴った本や記事を見かけるようになった。これらのうたい文句を読んでいると、メードを持つことや週末のダイビングなど、日本では考えられなかった生活が、フィリピンでは簡単に実現するような気持ちになってしまう。

ところが、実際にフィリピンで暮らしてみると、それは一部の人で、フィリピンに住んでいる日本人すべてが優雅な暮らしをしているとは限らないことがすぐわかる。

日本に比べ物価が安いフィリピンだからこそ実現可能な話と思いがちだが、それはフィリピンで働いて得る給料が日本と同じか、それ以上の場合だけ。現地採用者は、現地通貨で給料を支給される場合が多く、交換レートで換算すると日本で働いていた頃よりもかなり少なくなる。それでもフィリピン人スタッフの給料よりははるかに高いので、彼らがうらやましがるような生活はできるものの、運転手、メード付きで週末は趣味で優雅に過ごすといった生活は望めないと覚悟したほうがよさそうだ。

❶ペソと円とのギャップ

フィリピンの通貨の単位はペソとセンタボ。100センタボで１ペソとなる。紙幣は10、20、50、100、500、1000ペソで、10～500ペソ札が庶民の間ではよく利用される。一方、硬貨は１、５、10ペソ

マカティ市アヤラセンターのショッピングモール

と５、10、25センタボ。センタボ硬貨はあまり使われることがなく、お釣りでもらう程度だ。

旅行でフィリピンを訪れると、「フィリピンは物価の安い国だ」という印象を持つ。これは１ペソ＝２円（2004年12月現在）という円高の影響によるもので、日本円をペソに両替すると、かなり使い出がある。ところが、給料をペソで支給されて暮らしてみると、旅行の時に感じなかったことがいろいろと気になりだす。

例えば、庶民の足となるジプニー（小型乗り合いジープ。「交通」の章参照）。初乗り（５km）料金は、石油価格の上昇で1998年から2004年までの間に2.5ペソから5.5ペソに値上がりした。日本人がよく利用するタクシーも、初乗り20ペソから30ペソに値上がりしている。

国家統計局の発表によると、2004年の通年インフレ率は5.5%。前年と比べると2.5ポイント上昇している。フィリピン人スタッフとの兼ね合いから昇給率が低い、あるいは昇給がないような企業に勤める日本人の中には、物価の高騰を身近に感じている人がいるか

もしれない。

ところが、ペソでの暮らしに慣れてから日本へ帰ると、日本での交通費や食費の高さに戸惑ってしまう。稼いだペソを円に替えたとたん、ふところが寂しくなり、「フィリピンのほうが暮らしやすい」と感じる。ペソと円のギャップを実感する時である。

❷フィリピン人の給料は？

フィリピンの労働法によると、2004年12月現在の首都圏の最低賃金は１日300ペソ、月給は初任給で8,000ペソ（約１万6,000円）となっている。給料から税金や保険料を引くと、6,500〜7,000ペソ（約１万3,000〜１万4,000円）がフィリピン人同僚の１ヵ月の手取りとなるようだ。

彼らは首都圏近郊に住む家族や親戚宅に同居したり、独身者の場合は気の合う友人らと部屋をシェアするなどして、生活費を有効に使う工夫をしている。

日本人で庶民並みの生活ができる人は、かなりフィリピンの生活に精通している人ということになるが、実際に１ヵ月7,000ペソ程度で生活している日本人はまずいない。

現地採用の日本人が手にする給料は、彼らの給料の４倍程度。ほとんどの現地採用者が１人暮らしをしている。

無理してルームメイトを探す必要はないが、あえてフィリピン人との共同生活を望むなら、家賃や光熱費などの共通の出費は割り勘とし、個人で使う電話代や食費などは使った分だけ各自が負担することを事前に話し合うのが望ましい。

中には、自分よりも収入の良いルームメイトに甘えて、長時間の長距離電話をかけるなど、自分の支払い能力を超えた生活を始めるフィリピン人もいる。後で両者の関係が気まずくならぬよう、共同生活を始める前に十分に話し合った方がよい。

❸ 1ヵ月の生活費は？

給料の額は会社によってさまざまだ。また支払い方法も、ペソだけで支給、円やドルと組み合わせて支給、円払いだけ、と会社によって異なる。

実際にフィリピンで働くとなると、給料の金額もさることながら、月々のやりくり状況が気になる。

一例として、現地採用でマニラの日系企業に勤めるA子さんの生活費を見てみよう。

A子さんは現在の職場で働き出して3年目で、フィリピンの生活にだいぶ慣れたところ。現在の給料は手取りで月3万4,000ペソ。住居は会社の独身寮で、フィリピン人スタッフと一緒に生活している。

家賃は月1,000ペソ程度で済んでしまうが、光熱費や電話代は個人負担。住居にかかる費用は電話代も含め、1ヵ月5,000ペソ前後だ。

食事は外食中心でフィリピン料理がほとんど。日本食は週に1回程度なので、1ヵ月で6,000ペソもあれば十分だという。

通勤はトライシクル（3輪乗り合いバイク）とジプニーだが、時々はタクシーを利用する。それでも1,000ペソ以内で収まる。

週に1度、通いのメードに洗濯、掃除を頼んでいるが、費用は1日600ペソ。シャンプーなどの日用品や基礎化粧品代は月に500ペソ程度。数ヵ月に1、2度、美容室へ行ったり、CDや洋服を買ったりするが、1回につき1,000ペソを超えることがない。

お酒が飲めないので、友人同士の集まりに参加したとしても1回の会合に1,000ペソくらいで済んでしまう。

実際には、初任給でA子さんのこの3年目程度の給料を手にする人もいる。彼女の勤める会社の給料は、現地採用の一般的な基準

から見れば、決して高い方ではない。

A子さんによると、寮生活なので今の給料で余裕を持って暮らせるが、いざ部屋を借りて住むとなると貯金もできず、やりくりするのに精一杯になるだろうとのことだ。

暮らしぶりは質素だが、本人は日本で暮らしていた時より贅沢だと言っている。

例えば、日本では1人でタクシーに乗ることは料金が高く抵抗があったが、マニラではいつでも気兼ねなくタクシーを利用できる。また、掃除、洗濯をメードに任せることができ、週に1日しかない休日を有効に過ごすことができるようになったという。

メードを雇うといった日本では経験できないことが実現してしまうのが、フィリピンでの生活の良いところ。そんな点を生かして給料の使い道を工夫できたら、給料の額に関係なくフィリピンでの生活が潤いのあるものになるだろう。

生活費の実例・A子さんの場合

◉給料3万4,000ペソ（手取り）
◉支出
家賃　1,000ペソ
光熱費、電話代など　4,000ペソ
食費　6,000ペソ
交通費　1,000ペソ
メード　2,400ペソ
日用品　500ペソ
美容室、洋服代など　3,000ペソ
交際費　3,000ペソ
合計2万900ペソ

❹フィリピン特有の思わぬ出費

フィリピンで暮らしてみると、思わぬ出費に驚くことがある。その中の１つが誕生日だろう。誕生日を迎えた人が、家族や友人らに食事を振る舞うのがフィリピンのしきたり。ごちそうは特に決まったものはなく、手作りのお菓子を配る、フィリピンのお祝い事には欠かせないパンシット（焼きそば）などを注文する、レストランに連れていく、などとさまざまだ。

フィリピン人スタッフが誕生日を迎えた場合、他の従業員がお金を出し合ってケーキなどを注文することがあるが、日本人が誕生日を迎えると、食事代はすべて自己負担のようだ。

すべての日系企業がこの通りではないが、参考までにマニラの某日系企業を例に挙げると、誕生日を迎えた日本人の現地採用者は約40人の従業員に1,000〜1,500ペソの範囲で飲物やスパゲティなどのミリエンダ（おやつ）を注文するという。日本のようにプレゼントをもらう誕生日も良いが、親しい人に感謝の意味を込めてごちそうを振る舞うフィリピン流の誕生日も悪くない。

最大の出費は、クリスマスだろう。「13ヵ月」と呼ばれるボーナスは、クリスマス前に給料の１ヵ月分が余分に支給される。家族や友人だけでなく、「ニノン」「ニナン」と呼ばれる洗礼や結婚などの儀礼上の両親や、その霊的子どもを意味する「イナアナック」など大勢にプレゼントを配るため、「13ヵ月」はクリスマスプレゼント購入費用とも言われている。

ボーナスのすべては使わないまでも、フィリピン人の場合は2,000〜3,000ペソ、兄弟が多い人なら5,000ペソは必要だろう。

日本人の場合はどうかというと、友人や会社の同僚といったごく少数にプレゼントすることが多いが、例えば１人当たり100ペソのプレゼントを50人のフィリピン人に配った人もいた。日本の「お歳

食品コーナー（マカティ市のランドマーク内食料品売場）

暮」に似ているものの、高価な贈り物は選ぶ必要がない。マグカップや傘といった、実用的でかつ価格も手ごろなものが喜ばれる。

❺現地採用は駐在員ではない

現地採用で働くとなると、まず気になるのが給料の額。就職の問い合わせや面接時に給料の金額を知らされ、期待を裏切る少なさに、「海外で働くから、駐在員並みにもらえると思っていたのに」「日本で転職した方がもっともらえる」と驚く人も多い。

「現地採用は駐在員と同じ待遇ではない」と納得して仕事を始めても、日本人同士の付き合いが広がるうちに、自分の待遇に不満を持つ人もいるようだ。

現地採用のＢさん（29歳）は「自分のまわりにいる日本人は駐

在員ばかり。飲みに行くと、みんなは運転手付きの車で帰るが、自分だけがタクシー。割り勘で払う時も、他の人はすぐに払うけど、自分は財布の中身を気にしながらお札を出している。フィリピン人の友人と付き合っている方が気が楽」とよくこぼしていた。

Ｂさんは駐在員と付き合っていくうちに、「どうして同じ国で働く日本人なのに…」と、手取りで１万ペソの給料に不満を持つようになったのだ。

確かに、１万ペソは現地採用のレベルとしてもかなり低い方になる。しかし、住居は社長宅に居候し家賃ゼロ、食事や洗濯はその家のお手伝いさんがやってくれるが１銭も支払わなくてもよいという。

決して悪い待遇ではなかったのだが、「日本人と付き合っていると金がかかるだけ」と日本人との付き合いをいっさいやめてしまった。そして、今度はフィリピン人の友人を増やそうとしたが、生活習慣の違いなどからトラブルが続き、ついにはフィリピンそのものに嫌気がさしてしまった。

結局、Ｂさんは「自分の能力なら、日本にいたらもっと稼げるはずだ」と言い残してフィリピンを去っていった。

言うまでもないことだが、現地採用とは、現地で生活する日本人を採用すること。給料の額は会社により異なるが、前述のようにフィリピン人スタッフの給料よりもはるかに多く、最低でも２万～３万ペソ程度だ。しかし、残念ながら、それは海外赴任で働いている日本人と比較にならないほど少ない。

つまり、日本で月数十万円の給料をもらっていた人が現地採用で働くと、その半分以下の月給しか手にできない。日本の給料とは別に、海外手当てや住宅手当てなどがついている駐在員の生活を望むのなら、現地採用にこだわる必要はない。フィリピンに進出している日系企業を調べ、駐在もしくは長期出張でフィリピンに派遣される可能性の高い会社に就職することをお勧めする。

だが、駐在員の中には、帰国を命じられてもそれに従わず、会社を辞めて現地企業の日本人社員として働く人がいる。理由は「フィリピンが好きで、できるだけ長くこの国で暮らしていきたいから」だという。そういう人もいるのである。

❻使用人のいる生活

マニラに住む駐在員の家族、単身者のほとんどがメードや運転手を雇っている。現地採用者でも、単身者の場合だと日曜日などに洗濯や掃除を頼める通いのメード、家庭を持っている人なら住み込みのメードや「ヤヤ」と呼ばれる育児担当の女性がいることが多い。

日本だと、女性は家事や育児に追われて、まわりの理解と協力がなければ結婚してからの社会進出あるいは復帰は難しい場合が多い。しかしフィリピンでは、マネージャーの要職を含め、職場で活躍する女性は多い。メードの家事労働に助けられて、日本よりも余裕を持った生活が可能になる。

ただ、男性も女性もメードや運転手といった使用人のいる生活を日本で経験していないため、「つきあい方」が分からず、住まいの次に日本人が頭を悩ませる問題だ。使用人とのつきあい方でマニラの生活が変わってしまう。

❶探し方

メードや運転手の探し方としては、一般に駐在員の場合は派遣会社より会社関係や友人知人の口コミで探すのが主流である。コンドミニアム（マンション）の管理人や、マニラ日本人会（*20*ページ参照）の掲示板でメードや運転手の求職広告から探すといった方法もある。

採用にあたっては、前の雇用主の推薦文を提出させるか、前の雇

用主や推薦人に使用人の人柄や勤務態度などを問い合わせるのがいい。現地採用者の場合は、会社の同僚やフィリピン人配偶者の知り合いの紹介が多い。

いずれにしても、他人が同居することになるのだから、必ず知り合いを介在させること。いきなり知らない人を雇うのは避けた方がいい。

❷使用人の給与

2000年にマニラ日本人会が会員を対象に実施したアンケートによると、メードには、ビレッジ（高級住宅街。*24*ページからの「住まい」の章参照）在住者の場合で月平均約3,570ペソ、コンドミニアム在住者で同4,256ペソを支払っており、通いの場合は平均時給が約30.1ペソ。運転手の給与は、コンドミニアム在住者が月平均約6,408ペソで、ビレッジ在住者は同7,045ペソだった（会報誌『まぶはい』2000年３月号より）。

雇用者の日本人が現地採用者の場合、住み込みメードの給与は月平均2,000ペソ前後が多い。雇用主の給与や居住環境でメードの賃金が決まる傾向がある。

フィリピンでは使用人に月１～４日の休日を与えるのが慣例となっている。年に１度、クリスマスや出身地のフィエスタ（お祭り）に１週間から10日くらいの休暇を取って帰ることが多い。休暇を取ったまま２度とマニラに帰らなかったという話もあるが、これも使用人とつきあう上で頭を悩ますことの１つだ。

❸日頃の接し方

「使用人の私用電話が多い、外出時にテレビやステレオを勝手に使っている、頻繁に借金を申し込む」。こうした場合にどのように対応すればいいのか、日本人は戸惑ってしまう。

前述のマニラ日本人会のアンケートによると、使用人と上手につきあうために日本人雇用者がさまざまな工夫と努力をしているのが

分かる。例えば、注意すべき時はその場ですぐに注意し、ほめる時は思いきりほめる。指示は常に明確に。１度に複数のことを頼む時はメモを書いて渡す、などである。

また、子供の前で使用人の悪口を言わないようにし、子供には使用人に対しての挨拶やお礼を徹底させているという家庭もある。

借金の申し込みも、退職金の範囲内（2,000～3,000ペソ）で貸すという方法で対処するのがよい。また、給料袋を作り、受け取るごとにサインをさせることで給与未払いのトラブルを防いでいる日本人もいる。

一般的に自尊心が高く、ちょっとした言葉に傷つきやすいと言われるフィリピン人。つきあい方次第で、より快適な家庭生活が可能になる。お互いの生活習慣や考え方の違いを認めた上で、使用人との信頼関係を築いていくことが大切だ。

⑦マニラ日本人会

マニラ日本人会は、行事や催し物、同好会の活動を通し、会員相互の親睦や日比両国の親善・友好を目的にしている。さらに、書籍・ビデオの貸し出しも行なっている。同会付属の診療所もある。会員数は法人・個人あわせて約1,500。主に駐在員やその家族で構成されており、現地採用の日本人はほとんど加入していない。

マニラ日本人会　The Japanese Association, Manila, Inc.
22nd Floor, Trident Tower, 312 Sen Gil Puyat Avenue,
Salcedo Village, Makati City
☎(02)810-7909, 815-3559　Fax. (02)892-2624
E-mail : mnljp1@nsclub.net

◉事務局（日曜・祭日休み）

月～金：午前９時～午後５時（正午～午後１時30分は職員昼休み）

土：午前９時～正午

◉図書室「らいぶらりー」（日曜・祭日休み）

月～金：午前９時～午後５時（12時15分～12時45分は職員昼休み）

第１・３土曜：午前９時～午後４時（12時15分～12時45分は職員昼休み）

第２・４・５土曜：午前９時～正午

【入会方法】

入会の際には、所定の申込用紙（3.5×3.5センチ以内の顔写真１枚を添付）に入会金と最初の６ヵ月の会費を添えて、直接日本人会事務局に申し込む。毎月末の定例理事会での審査を経て、翌月１日付で会員となる。マニラ日本人学校（アドレスは*114*ページ）への入学を希望する児童生徒の保護者は、入学手続き前に必ず入会を済ませなければならない。

●個人会員

日本人会会員２名の推薦（配偶者は除く）が必要。会員の配偶者は、同好会・行事への参加や施設の利用等が会員と同様にできる。

入会金　1,200ペソ

会費（月額）　400ペソ

●法人会員

日本人会会員２名の推薦（配偶者、同一法人内の２名は不可）が必要。会員の配偶者は、同好会・行事への参加や施設の利用等が会員と同様にできる。

入会金、会費は登録会員数によって異なる。たとえば法人の会員数が２人までの場合、

入会金　3,000ペソ

会費（月額）　1,000ペソ

●賛助会員・臨時会員

賛助会員は日本国籍を所有していない人やフィリピン国外の居住者に開かれたもの。臨時会員の資格は、短期留学等フィリピン滞在が短い人。

入会金　900ペソ

月会費(月額)　300ペソ

【特典】

マニラ日本人会の会員になると下記の特典がある。

1）会報『まぶはい』の無料配布

2）会員名簿の無料配布

3）同会主催の行事・催し物への参加

4）各種同好会への参加

5）図書室、ゲームルーム、会議室などの施設利用(ゲームルーム・会議室は料金制)

6）安全対策セミナーへの参加

7）マニラ日本人会診療所の利用

8）マニラ日本人学校への入学

9）大使館からの安全緊急情報の連絡

【同好会】

レディスゴルフ、テニス、ハンディクラフト、コーラス、ブリッジ、囲碁、俳句の同好会が活動している。定期的にトーナメント、発表会やチャリティバザー等を開催している。

【恒例行事】

同会主催行事は、盆踊り大会、親善ゴルフ大会、日本人フィエスタ。日本大使館主催行事の戦没者慰霊祭、新年祝賀会にも参加できる。

【マニラ日本人会診療所】

マニラ日本人会のある建物には同会が運営している診療所がある。(財) 海外邦人医療基金より派遣された日本人医師１名が常駐。日本で医療および日本語の研修をした医師や看護婦らが一般診療と健康診断を行なっている。

医療相談のみならず、定期健康診断や日本人学校新入学児童の健康診断、更にメードや運転手の健康診断に利用する会員が多い。会員以外でも利用できる。(アドレスは*80*ページ参照)

住まい

❶住居のいろいろ

❶ビレッジ

フィリピンでは最高級の居住区として「ビレッジ」がある。ビレッジとは、高い塀に囲まれ、人や車の出入りをガードマンが厳重にチェックする住宅街だ。ごみごみした外の世界とは対照的で、ここには主にフィリピンの富裕層や家族持ちの外国人駐在員が住んでいる。

家の造りは、大きな居間のほか、8畳間ほどの寝室が3～5部屋、台所もスペースたっぷりだ。更にメード部屋がついており、住み込みのメードを雇うことができる。家具付きも多い。

❷コンドミニアム

日本のマンションにあたるのは「コンドミニアム」で、単身赴任者や駐在員家族が利用している。部屋の間取りなどが日本と似ており、ベッドやタンスなどの家具が備え付けられているところが多い。メード部屋もある。冷房はどこのコンドミニアムでも完備されているが、プールや駐車場については、各コンドミニアムによって異なる。

日本のワンルームマンションは「スタジオタイプ」と呼ばれ、単身者向きだ。現地採用の日本人にもこのスタジオタイプは人気が高いが、場所によっては家賃が高く、給料とのかねあいが難しくなる。

マカティ市のサンロレンソビレッジ入り口（ガードマンが出入りを厳しくチェック）

❸アパートメント

日本の「アパート」はフィリピンでは「アパートメント」や「タウンハウス」で、キッチン、バス・トイレ付きの1～3ベッドルームくらいのものを指す。

また、2階建てで壁面を共有する長屋形式を「アップアンドダウン」と呼ぶ。「上の階と下の階」という意味で、1階は台所、トイレにリビングルーム、上階はベッドルーム形式が多く、これもポピュラーだ。これからフィリピンで仕事を始めようという人は、このクラスの1～2ベッドルームが1つの目安になるだろう。

フィリピン人のサラリーマンの家族も多くはこうした場所に住んでいるため、ビレッジやコンドミニアムと違って、フィリピンの人たちと垣根のないつきあいができる。

❹ベッドスペース

文字通り「ベッドスペース」の下宿屋さん。日本の一昔前の学生寮みたいなものだ。地方から出てきている学生やOLなどが住んで

いる。1つの部屋に2段ベッドがいくつか並び、台所やバス・トイレは共有。プライバシーもないが、家賃は他と比べて安い。日本人で利用する人はほとんどいない。

❷アパートの探し方

❶新聞雑誌で

マニラでアパートを探す場合、新聞広告や不動産情報雑誌、知人の紹介に頼ることが多い。新聞は英字紙 *Manila Bulletin* や *Philippine Daily Inquirer* の日曜版が数ページにわたり「For Rent Apartments /Houses」の不動産賃貸広告を掲載している。また毎週火曜日と金曜日発行の中古車・求人情報誌 *Buy & Sell* もアパート情報を載せている。

これらは道ばたで売っているので容易に手に入る。種類別・地域別に紹介されており、物件数が多い。短期間で住む所を見つけたい人はこの方法がいい。地図を見ながら物件をチェックし、めぼしいものがあれば電話をかけて下見の日時を決める。安い物件は早い者勝ちで、昼過ぎに行ったらもう先客がいたということもあるので、行動は早いほうがいい。

❷足で探す

街中には「Room for Rent」の看板をよく見かける。もし自分が住みたい地域があれば、自分の足で歩き回り、物件を片っ端から当たるのもいい。平日の昼間でもだいたいは管理人がいて、部屋を案内してくれる。日本人であっても好意的に接してくれる。

しかし、看板は広告と違い家賃が表記されていないので、せっかく部屋が気に入っても、相手が日本人だと、金持ちと思われてか、急に家賃がつり上がることもある。そうならないように、相場を調

べておき、事情のわかるフィリピン人に同行してもらって交渉を手助けしてもらうのが無難だ。

❸不動産屋を通す

ブローカーや不動産会社を通す場合は、仮に知人の紹介であっても安易に決めず、じっくりと時間をかけて選んだ方がよい。あまり他人まかせにすると、仲介料やトラブル解決料金などと称して法外な金額を請求されることがある。たとえ信頼できる不動産屋であっても、気になる物件は他人まかせにせず、必ず直接出向き、自分の目で確認した方がよい。

❹その他

マニラ日本人会内の掲示板にも賃貸物件の掲示が張られることがあるが、常時掲示されるとは限らない。１度に得る情報量が少ない上に、気に入った物件を見つけるまでに時間がかかるのが欠点。早急に住まいを探したい人にはお勧めできない。

❸アパート選びのポイント

❶セキュリティー

通りに面した家の窓は檻のような鉄格子で守られ、塀の上には外部からの侵入を防ぐため瓶を砕いたガラス片が突き刺さっている。初めてフィリピンに来た時に目に留まるものの１つだ。

火事になればそれこそ逃げ場がないが、日本と比べると盗難や空き巣が多いため、外側の防備は堅い。入り口のドアにも通常２つ以上カギをかける。それでも南京錠を簡単に壊されて盗難に遭うことがある。フィリピンでの家選びの第１のポイントは安全性だ。

コンドミニアムはこの点安心だ。建物の入り口には銃を下げたガ

ードマンがいて、人と物の出入りを厳重にチェックしているからだ。

しかし、アパートや間借りは必ずしもそうではない。道に出入口が面している建物や夜になると人通りが少なくなる場所、近所で昼間から男たちがジンを飲んでたむろしているような場所は、まず避けた方がいい。

特にフィリピンでは、アパートでの女性の1人暮らしは珍しがられるようだ。フィリピンの独身女性の多くは親戚の家に下宿したり、友だち同士でアパートを借りることが多い。寂しがりやだったり、家賃が高いのも理由だが、「危険」を避けるという意味もある。日本人女性が1人で住んでいること自体、フィリピンでは目立つ行為であることも忘れてはいけない。

❷水道の水圧

「Strong　H_2O（水圧強）」の広告文句もあるように、マニラ首都圏は特に蛇口の水圧が弱い。そのため、アパート、民家を問わず大きな水槽を屋上や地上に設置しているのを見かける。下見の時、蛇口をひねり、水が勢いよく吹き出すかどうかも確かめたい。水槽がない場合、渇水し、深夜にしか水が出ないこともあるからだ。フィリピンでは水道から常に水が出るとは限らない。

バスルームに水を流し、排水口にスムーズに流れ込むかどうかも確かめたい。上水道も下水道も不備が多い。

❸道路の冠水

雨季になって、短時間のうちにどしゃ降りになると、地域によっては道路が冠水し、低いところに向かって水が流れて道路が川のようになることがある。深いところでは人間の腰あたりまでつかり、車もバイクも通行不能になり、家の中にも汚水が入り込む。これらは中心地マカティの一部地域はじめ、パサイ市、マニラ市など首都圏では見慣れた光景だ。

乾季に家探しをする場合、近所の人に道が冠水するかどうか確認

することも必要だ。

❹電話回線

電話回線は自宅でもオフィスでも常に頭を悩ます問題だ。引っ越しが終わっても電話が付かず、仕事にならないということもよくある。

フィリピンの電話回線普及率は100人に10回線くらいとされ、加入電話は申請から自宅に設置されるまで時には数ヵ月から1年以上かかる。このため、入居時に部屋にすでに電話回線が来ているかどうか、さらには接続までに何日かかるかを家主に確認することが大事だ。

電話が家主と共用の親子電話であったりして、後々トラブルになることもあるし、前の居住者が電話料金を滞納したままどこかへ引っ越し、電話会社が接続を拒否したという話はフィリピンではよくあることだ。

❺周囲の環境

道に面したアパートは、早朝からトライシクルやジープニーが通りを行き交い、とかく騒音が多い。飲み屋街は夜遅くまでカラオケの音がうるさく、眠れないこともある。

多くのフィリピン人は、ラジオやテレビなど音量を大きくし、あまり近所迷惑を考えないところがあるようだ。というより、むしろ音楽を隣近所もいっしょに楽しんでいるという感覚だ。フィリピンにいる限り、ある程度慣れるしかないが、慣れる自信がなければ、そのような場所はなるべくなら避けたい。

❻コンビニエンス・ストア

フィリピンでは自動販売機はまず見かけないが、日本と同じく「セブンイレブン」などのコンビニが人通りの多い場所にある。ソフトドリンクやビール、ラーメンをはじめ、せっけんやティッシュペー

パーなど日用品を売っている。24時間営業で、照明も明るくエアコンがよく利いており、夜遅くに帰宅する時など便利だ。

コンビニは乗り物の集合場所や教会の近くといった地域の中心部にしかない。1つの目安として、コンビニの近くは、生活に便利な場所ということでもある。

コンビニの他に、「サリサリストア」と呼ばれる、家の軒先やアパートの1階を改造した小さな雑貨店がたくさんある。ここでもビールなど飲物やたばこ、お米、缶詰め、時にはタマネギなどちょっとした野菜も買え、フィリピン庶民の生活には切り離せない。夜の11時頃まで開いている。ビレッジに住んでいる限り縁がないが、サリサリストアが家の近くにあると、ちょっとしたものを買うのに便利だ。

❼その他

最近では少なくなったが、変電設備の故障や台風で電柱が倒れるなどの理由で、依然として停電がある。ジェネレーター（緊急用発電器）があればいいが、コンドミニアム以外の普通のアパートにはないことが多い。

また、雨漏り、内装の傷み具合、駐車場の有無など、日本で物件を探す時より慎重に点検した方がいい。前の居住者がわかる場合は、その人から状況を聞くのもよい。入居してから備え付けの家具に欠陥や破損があることが分かった場合、修理費は入居者負担になる。

できるだけ新築や築年数が少ない住宅を選ぶようにし、もし損傷が見つかった場合は、入居前までに修理してもらうよう頼むべきだ。修理を嫌がるような家主なら、他の物件を探そう。

❹借りることが決まったら

入居することが決まったら、まずは前金と家賃を支払う。フィリピンの場合、家賃は前払いが原則となっている。日本のような礼金はないが、アパートの場合、敷金に相当する「デポジット」を２ヵ月分、家賃を１ヵ月分前払いで入居時に計３ヵ月分というところが多い。このデポジットは、引き払う時に家の傷み具合を大家が査定し、数ヵ月後に全額もしくは差額分が返却される。

契約期間内に借りている住居を引き払わなければならなくなった場合、前払いした家賃が返還されるかどうかなどはすべて入居時に英文の契約書に明記されている。わからない部分は家主と納得いくまで話そう。契約書にサインをしてからでは遅い。

入居時に、入り口のカギは取り替えた方がいい。また、害虫（ゴキブリ、シロアリ）駆除を行なうことをお勧めする。ゴキブリはフィリピンではビレッジ、コンドミニアムを問わず、どこにでもいる。

❺エリアと家賃

日系企業はマカティ市に集中しており、日本人駐在員の大部分もこの地域に住んでいる。通勤やショッピングに便利なため、当然、家賃も高くなる。このため、現地採用の日本人は、マカティ市よりもむしろ周辺のパサイ市、マンダルーヨン市、パシッグ市、あるいは首都圏北部のケソン市に住む傾向が強い。２時間以上もかけて渋滞の中をジプニーやバスを使って通勤している日本人もいる。マニラ首都圏南部のパラニャーケ市には日本人の退職者や自営業者が多い。

朝の通勤時のラッシュ風景

家賃は立地、建物の築後年数、広さ、設備によりまちまちで相場は決まっていない。参考までにマカティ市にあるコンドミニアムを例にとると、１ベッドルームの場合、45～55㎡の広さで家具付きが２万5,000～５万ペソ。家具なしで１万5,000～２万ペソ。

マカティ市でも、はずれになると家具なしで１万ペソ前後の物件もある。

ホテルも兼ねているコンドミニアム（コンドテル）には家具から食器まですべてが揃っている。コンドミニアムには24時間体制でガードマンが警備している。

国や企業が住宅手当を出し、個人負担でない日本人駐在員の間で人気があるマカティ市のビレッジの家賃は、月６万～10万ペソが多い。

マカティ市からパシッグ川をひとつ隔てたマンダルーヨン市では、１ベッドルームの場合5,000ペソ～7,000ペソ、２ベッドルームでも１万ペソ以内と、マカティ市と比較し半額近くになる。ただ川に架かる橋の周辺が朝夕、大渋滞するため、距離は近くても通勤に

はずいぶんと骨が折れる。

パサイ市は、マニラ市とマカティ市の中間にあって空港にも近く、物件もマンダルーヨン市並みに安いので、現地採用の日本人も多く住む。

パシッグ市はマニラ首都圏外環状線のC-5道路が数年前に完成し、また、両市を結ぶカラヤアン通りが同じ時期に開通して以来、マカティ市へのアクセスがよくなり、現地採用の日本人も増える傾向にある。

ケソン市はパサイ市のタフト通りまで結ぶ首都圏鉄道（MRT）が完成し、エアコンの利いた車両で渋滞のない快適通勤ができるようになったが、駅までの交通インフラは旧来のままで、マカティまで毎日の通勤はまだまだ大変だ。

仕事を探す

フィリピンで仕事を探す場合はどうするか。フィリピンには日本人向けの就職情報誌がない。求人広告は現地邦字紙『日刊マニラ新聞』の広告欄にたまに出ているくらいだ。

このため、マニラで働く人たちはフィリピン在住の知人の紹介で就職した人が多い。信用できる筋からの紹介だと、雇用する側も面接者への信頼度がはじめから違ってくるようだ。

マニラでの仕事探しは「まずマニラに来る」ことと、そこでの積極的な情報集めから始まる。

求人先の多くはすぐに人材が欲しいところが多いため、日本にいながらの求職や卒業を待っての就職は難しい。また会社も、マニラに住んでいて、言葉や地理などフィリピン事情がある程度わかる人材を求めているからだ。

❶採用の条件と業種

マニラでの就職は、分野を問わず技能や技術を持っている方が有利だ。語学力もこの中に含まれる。最近では通信手段もＥメールが多く、ワードやエクセルが使えるくらいのコンピューターの基礎知識もある方がいい。

年齢制限は比較的緩やかだが、40歳くらいまでが１つの目安となる。

英語もフィリピノ語もわからず、何の技術も持たない人は、いくら希望しても、フィリピンでの就職はまず望めない。

【マニラの求人例】

①男女を問わないもの

ホテルや旅行代理店の顧客担当、日本レストランのフロアーマネージャー、ホテルのフロント係・営業担当、運送会社の一般事務、コンピュータープログラマー・オペレーター、経理、通訳・翻訳者、通信会社の顧客係、新聞記者

②男性に多いもの

自動車修理工、日本料理の調理師、電気・機械技術者、大工・木製建具技術者、建築設計士、工事現場の監督、プロモーター

③女性に多いもの

通訳を兼ねた駐在員秘書、日本レストランの厨房担当

なお、医者や弁護士はじめ建築士、司法・行政書士、看護婦など日本で取得した資格はフィリピンでは使えない。

【面接の際に気をつけたいこと】

会社側は面接時に必ず「フィリピンに来た理由・動機、滞在年数、希望の職種、勤務経験・技能、何年くらい勤続できるか」等を確認してくるだろう。あらかじめ、明確な返事ができるよう準備しておこう。

フィリピンでは日本の履歴書書式が手に入らないので、日本から持参した方がいい。フィリピン人の人事担当者のために、英文書式を併せて提出するのもいい。卒業証明書は必ずしも提出を求められないが、あるに越したことはない。

当たり前のことだが、面接には約束時間を守り、きっちりした服装・マナーで臨むこと。フィリピンなので多少時間にルーズな「フィリピンタイム」でも許されるだろう、という考えは日系企業には通じない。

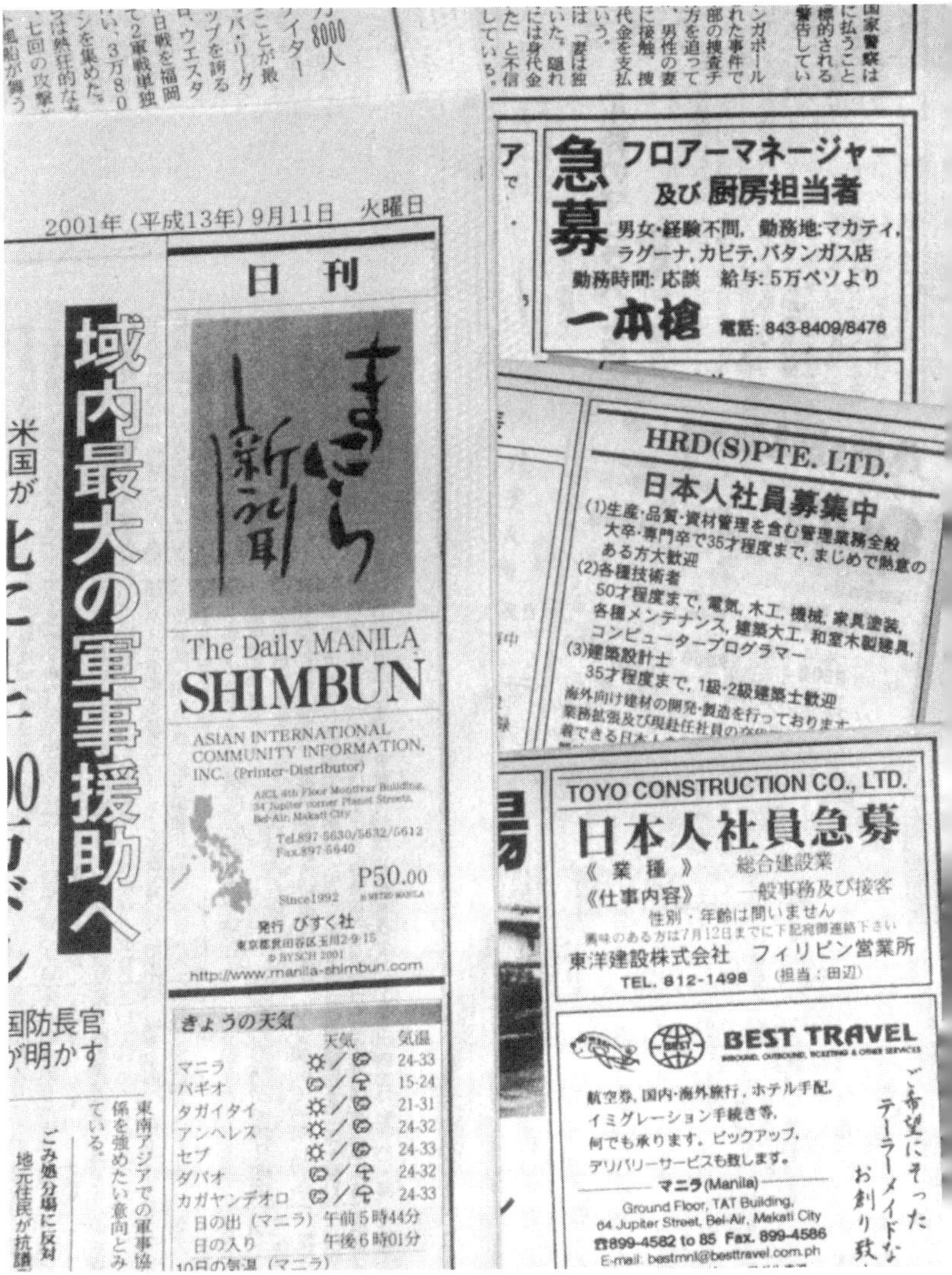
2001年（平成13年）9月11日　火曜日

日刊

The Daily MANILA SHIMBUN

ASIAN INTERNATIONAL COMMUNITY INFORMATION, INC. (Printer-Distributor)

P50.00

Since1992

発行　びすく社

http://www.manila-shimbun.com

域内最大の軍事援助へ

米国が

国防長官が明かす

きょうの天気

	天気	気温
マニラ		24-33
バギオ		15-24
タガイタイ		21-31
アンヘレス		24-32
セブ		24-33
ダバオ		24-32
カガヤンデオロ		24-33

日の出（マニラ）午前5時44分

日の入り　午後6時01分

急募　フロアーマネージャー及び厨房担当者

男女・経験不問，勤務地:マカティ，ラグーナ，カビテ，バタンガス店

勤務時間：応談　給与：5万ペソより

一本槍　電話：843-8409/8476

HRD(S)PTE. LTD.

日本人社員募集中

(1)生産・品質・資材管理を含む管理業務全般　大卒・専門卒で35才程度まで，まじめで熱意のある方大歓迎

(2)各種技術者　50才程度まで，電気，木工，機械，家具塗装，各種メンテナンス，建築大工，和室木製建具，コンピュータープログラマー

(3)建築設計士　35才程度まで，1級・2級建築士歓迎

海外向け建材の開発・製造を行っております。

TOYO CONSTRUCTION CO., LTD.

日本人社員急募

《業種》　総合建設業

《仕事内容》　一般事務及び接客

性別・年齢は問いません

東洋建設株式会社　フィリピン営業所

TEL. 812-1498　（担当：田辺）

BEST TRAVEL

航空券，国内・海外旅行，ホテル手配，イミグレーション手続き等，何でも承ります。ピックアップ，デリバリーサービスも致します。

マニラ(Manila)

Ground Floor, TAT Building, 64 Jupiter Street, Bel-Air, Makati City

899-4582 to 85　Fax. 899-4586

ご希望にそったテーラーメイドなお創り致

MASSAGE

スウェディッシュ、指圧、フェイシャルマッサージなど、リフレクソロジーの専門家がお客様の疲れとストレスをほぐします。

ご自宅やホテルにも出張いたします。

JBE GOLDEN HANDS

Tel.851-0042, 551-5662, 472-9426

Cell:(0919)854-6797

日本人スタッフ募集

《仕事内容》広告制作及び日本人顧客サービス、その他一般事務。

英語に堪能なこと。コンピュータの基本操作が出来る方。フィリピンが好きな人。男女・年齢不問。

興味のある方は履歴書を弊社まで持参するか、ファックスまたはEメールで送付して下さい。

日刊マニラ新聞 Fax.897-5640

Tel.897-5636 担当/橋本まで

E-mail: adsdept@manila-shimbun.com.ph

TFS トヨフジ海運(株)

最新の大型自動車・コンテナ専用船が

[マニラ－横浜－名古屋]航路に定期運行。

○隔週のマニラ寄港

○1,080UNITSの車と384TEUのコンテナが積載可能

○一般貨物,LCL貨物も積載可能

○経済的かつ安全な運送が手ごろなお値段で

○国内の運送も御任せ下さい

マニラ代理店

FAIR SHIPPING & AGENCY INC

TEL. 526-1862/526-7283/526-2316/338-0

FAX. 526-5807/338-0

E-mail fairagt@v-link

MR. ALEX F. RO

MS. JENNETE

FAIR

ご連絡頂ければ,いつでも訪問,説明いたし

林容疑者らは、

品輸入会社のHP上

内未承認の中国の薬

副作用のない画期的

円で販売した疑い。

林容疑者は「(逮捕事実は)まったくのでたらめだ」と容疑を否認。ほかの二人は大筋で認めているという。

…を懲戒処分

入試ミス隠ぺいのあった

富山大(小沢浩学長)は十六日、臨時評議会を開き、教員について現学長を含む十二人を懲戒処分、四十四人を訓告、厳重注意とし、事務職員については六人を懲戒処分、二人を厳重注意とすると発表した。

文部科学省によると、隠ぺいを持ち掛けた能登谷久公・元学生部長が懲戒免職、隠ぺいを持ち掛けられた鈴木敏昭・元人文学部長が停職十二カ月、小沢学長が減給六カ月という。

日本人シェフ募集

興味のある方は下記宛に履歴書をお送り下さい。

P.O.Box 582 Greenhills

San Juan, Metro Manila

Eメール: tomo@nsclub.net

フィリピン大分県人会

○設立: 1997年

日比手品

AIRBORNE EXPRESS

日本人正社員募集

米国系の大手IATA国際航空貨物代理店です。日系の会社への新規顧客開発営業をして頂く方を募集しています。

《条件》

*フィリピンでの滞在許可をお持ちの方で35歳ぐらい迄の健康な男性の方。

*営業経験又は貿易実務経験のある方

*車をお持ちでフィリピンで運転の出来る方

*ビジネス上で問題のない英語力

*業界経験者優遇

日本支社での研修機会あり

興味ある方は下記まで履歴書(写真付き・英語)を郵送,またはお電話にて担当宛ご連絡下さい。

RAF/AIRBORNE

Irasan Street, San Dionisio Paranaque City

担当: Leah Carpena 又は Elka Ruivivar

電話: 820-2920/820-7646

エコマーク

日本人スタッフ募集

「仕事内容」プライウッド及びラミネート材の工程、品質管理及び市況調査

1) 年齢 60歳以上の定年退職者を希望

2) 契約期間 1ヶ年・希望により延長可能

3) 給与その他の条件については面談の上決定

希望者は下記宛で履歴書をFax またはE-メールで送付して下さい

MINTRADE CORPORATION

Mintrade Drive, Davao City

Tel 082-234-8888 Fax 082-234-9999 E-mail:mcor@skyinet.net

連絡先：Mr. Edward Go

直営リゾート アリス ボラカイ島 ツアー

2泊3日 $170

【日刊マニラ新聞に掲載された求人広告の例】（順不同）

《業種》ゼネコン
《仕事内容》一般事務および接客係
《求人条件》男女・年齢問わず
《勤務地》マカティ市

《業種》建設業
《仕事内容》建築現場責任者（男性）／一般事務（女性）
《応募の条件》経験者／永住ビザを持っている人／コンピューターの基本操作ができること
《勤務地》パラニャーケ市

《業種》市場調査会社
《仕事内容》翻訳・通訳および総務
《応募の条件》ビジネスで通用する翻訳・通訳能力を有すること／コンピューターを使いなれていること
《勤務地》マカティ市
《待遇》ビザ手続きは会社で行なう

《業種》プロモーター
《仕事内容》一般事務
《応募の条件》男性／ワープロ程度の技能を有すること／タガログ語が話せること／学歴・経験問わず
《勤務地》マカティ市
《待遇》土・日曜休み／賞与年２回

《業種》スポーツ用品製造
《仕事内容》品質管理および総務
《応募の条件》男女・経験問わず／フィリピンに生活基盤のある人

／英語またはタガログ語が話せること
《勤務地》モンテンルパ市

《業種》電子部品製造業
《仕事内容》一般事務および通訳
《応募の条件》キャリアウーマン／英語に堪能なこと
《勤務地》カビテ・ラグナ州の工業団地またはセブ市
《待遇》日本の本社での研修あり

《業種》製造業
《仕事内容》鋼板加工の品質管理
《応募の条件》25～40歳／英語に堪能なこと
《勤務地》ラグナ州工業団地

《業種》自動車部品製造
《仕事内容》生産・品質管理
《応募の条件》年齢・学歴問わず／真面目で長期滞在可能な人／プレス・金型経験者歓迎
《勤務地》カビテ州工業団地

《業種》内装材・建材の開発・製造
《仕事内容》管理業務全般／家具塗装／建設現場監督／建築設計
《応募の条件》まじめで熱意のある人／各種技術者／１級・２級建築士／コンピュータープログラマー／40～50歳まで
《勤務地》カビテ州工業団地

《業種》ユニットバス関連部材の開発・設計・製造
《仕事内容》生産・品質管理／設計・開発／機械・設備のメンテナンス
《応募の条件》有資格者・Auto CAD経験者優遇

《勤務地》カビテ州工業団地

《業種》日本レストラン
《仕事内容》調理師・調理師見習い（男性）／フロアーマネージャー（女性）
《応募の条件》板前経験者歓迎
《勤務地》マカティ市
《待遇》給与２万～12万ペソ

《業種》日本レストラン
《仕事内容》調理師
《応募の条件》割烹・寿司の職人／永住ビザを持ってる人がベター／長期勤務ができる人
《勤務地》サンバレス州スービック
《待遇》住み込み可

《業種》日本レストラン
《仕事内容》フロアーマネージャーおよび厨房担当
《応募の条件》男女・経験問わず
《勤務地》マカティ市／バタンガス
《待遇》給与５万ペソより

《業種》運送会社
《仕事内容》日本人顧客担当
《応募の条件》40歳まで／男性／英語またはタガログ語が話せること／永住ビザを持っている人
《勤務地》マカティ市
《待遇》勤務時間9：00am～6：00pm

《業種》建設用重機の販売・修理
《仕事内容》セールスエンジニア
《応募の条件》35歳まで／フィリピン在住の人／２級・３級自動車整備士（経験３年以上）／重機整備経験者優遇
《勤務地》ラスピニャス市
《待遇》賞与年２回／昇給年１回／各種保険完備

《業種》自動車修理工場
《仕事内容》自動車整備
《応募の条件》３級自動車整備士
《勤務地》マカティ市

《業種》旅行代理店
《仕事内容》日本人顧客担当
《応募の条件》旅行業務に興味がある人／経験問わず／30歳程度まで
《勤務地》マカティ市

《業種》ホテル
《仕事内容》日本人接客および日本企業への営業
《応募の条件》男女・年齢問わず
《勤務地》パサイ市

《業種》ホテル
《仕事内容》セールスマネージャー
《応募の条件》女性／英語に堪能なこと／22〜26歳／身長160cm 以上／大卒もしくはそれ以上
《勤務地》マカティ市

❷現地採用の労働条件

❶給与

一般事務職・サービス業の初任給は2万～6万ペソ、日本食調理師、コンピューター技術者など専門技術がある場合は5万～10万ペソと、技能や職種・職歴によって開きがある。フィリピン人一般従業員の平均初任給の6,500ペソと比較したら数倍に当たるが、円換算して、一般的な日本の給与水準と比較すると、少ない印象は否めない。

日系企業でも日本に本社を持つ会社と、現地の中小企業では、前者の方が高い傾向にある。現地採用の日本人の給与にも所得税（累進税）が課されるので、提示された給与額が税込みかそうでないかを確認しておきたい。

マニラでは近年、石油製品価格の上昇などで、物価高が賃上げ率を上回って、生活を圧迫している。本章執筆にあたり、現地採用の日本人50人に直接話を聞いたが、そのアンケート結果でも、給与については半数以上が「不満」と答えている。

❷休日

フィリピンの会社では週休2日制が多い。日系企業では土・日が休みという会社と、土曜が半日、日曜が休みというのが半々くらい。

祝祭日は長期の休みが年に2回ある。キリスト教にちなんだ3月から4月にかけての聖週間と年末のクリスマス休暇だ。

年始は通常1月2日から営業する。勤務時間は1時間の昼休みを入れた9時間が普通だ。

❸ボーナス

フィリピンでは12月のクリスマス期に「13ヵ月目の給料」と呼ば

れる1ヵ月分のボーナスが支給される。現地採用の日本人もほとんどが1ヵ月分だが、まれに2ヵ月分を支給する会社がある。

❹ビザと外国人労働許可証

フィリピンで働く上でもっとも大切なのは「ビザ」と「外国人労働許可証」である（詳しくは*49*ページ「ビザと外国人労働許可証」を参照）。前者は出入国管理局、後者は労働雇用省から発給される。

雇用時に会社がこれらの取得を約束しても、提出書類が多くて煩雑な上、費用と日数がかかるため、いつまでたっても観光ビザのまま、というケースもあるので、くれぐれも入社時に確認すること。

この2つがないと、違法就労で逮捕されても文句が言えない。フィリピン人配偶者を持つ永住ビザの取得者は、上記の理由で歓迎される。

❺福利厚生

現地採用の日本人に対し、本社採用の駐在員と同様の社会保険や健康保険に事業主負担で加入している会社はほとんどない。フィリピンの「SSS」と呼ばれる社会保険制度に会社で加入しているケースもあるが、支給額が低く、適用範囲も狭い。保険を自己負担もしくは何もない状態で、病気やけがのリスクを背負ったままで生活している人もいる。

現地採用の日本人50人を対象としたアンケートの結果、病気やけがの場合に決まった額まで全額支給される海外旅行傷害保険に「加入していない」人は全体の半数を超える（55%）。加入者でも、自己負担の割合は6割近く（58%）と会社負担を上回っている。

同様に、日本の年金にも6割以上（63%）が「加入していない」または「停止中」と答えている。給与の支払いが現地通貨の場合、日本円での年金保険料の支払いは厳しいようだ。

住居手当、交通費、年1回の帰国旅費など支給される会社もあるが、全体から見れば少ない。

ビジネスビルの建ち並ぶマカティ市アヤラ通り

❸現地採用の立場

現地採用の日本人は待遇、地位ともに「中間的」な存在だ。語学がある程度できて、仕事もそこそここなせても、車・運転手付きの駐在員と比較すると、待遇の上では足元にも及ばない。しかしフィリピン人スタッフと比べると、給与も入社していきなり数倍だ。

日本人顧客の多い職場では、何かと呼び出しを受け、苦情や問題があれば「責任者」として矢面に立たされることが多い。フィリピン人スタッフに顧客の言い分を説明しても、「ここはフィリピンなのよ」と相手にされないこともある。訳が分からないまま、とりあえず謝り、その場を取り繕う…。

このように現地採用の日本人は、フィリピンにいても日本同様のサービスを求める日本人と、まわりのフィリピン人スタッフ間の、

コミュニケーションの補佐や、時にはクレーム処理など「隙間を埋める」微妙な役割が、会社側から期待される。

現地採用の日本人が職場でうまくやっていくには、フィリピン人と日本人双方の考え方・生活習慣の違いを理解しながら、協調性を保てるような、寛大な人格と能力が要求される。

「日本人丸出し」はフィリピンではひんしゅくを買うことにもなる。そうなれば仕事上でもフィリピン人の協力が得られなくなり、支障を来すことになる。「日本だったらこうなのに…」と考えていたら、それこそきりがない。そう思う前に、「お国が違えばしきたりも違うものだ」と笑い過ごせるような気持ちのゆとりを持っていたい。

❹フィリピンで働く魅力

現地採用の日本人50人へのアンケートでは、「フィリピン人の良くないと思う点」として、「時間にルーズ」「仕事上のミスを認めない」「責任をとるのをいやがる」などが目立った。

逆に「良いと思うこと」の質問には「職場でもいつも陽気で明るい」「笑顔を絶やさず雰囲気を良くしてくれる」「ミスをしても相手を思いやる気持ちが強い」「やさしいく人間的」など、前者より多くの回答があった。

中には「フィリピン人は時間に厳格」と答えた人もいる。確かに毎朝、交通渋滞の中を遅刻せず出社する人が多いのも事実だ。

「仕事のストレスはたまりますか」の質問項目に対しては、8割以上が「ストレスは感じない」、または「日本の方がストレスが多い」と回答している。

約束の時間をすっぽかされたり、渋滞に巻き込まれたり、日本ではほとんど無縁の理由からいらいらさせられながらも、現地採用者

の多くは、フィリピンでの仕事にそれほどストレスは感じていないようだ。

現地採用で10年間、フィリピンに滞在している男性のＣさん（41歳）は「フィリピンを発つまでは久しぶりの日本が楽しみだが、日本の空港に着いて、あまりに秩序だった人の流れを見た瞬間、取り残された気持ちになり、すぐにでもフィリピンに『帰りたい』と思うんです」と話す。

給与を含め、現地で採用されて働く日本人の職場環境は決して楽ではないが、「やっぱりフィリピンがいい」と思わせる何かが、共通してあるようだ。

フィリピンで働く「先輩」からの率直なアドバイス

＊現地採用の日本人50人へのアンケート調査より

●英語が読み、書き、話せること。それができないとフィリピンでは通用しない。（46歳男性）

●とりあえずこの国で生活していけるかどうか、実際に自分の目で見て確かめること。（30歳男性）

●フィリピンで働くのは意外と運に左右される。自分のまわりのコネを最大限に使って、アプローチすべきだ。能力があっても、単身で乗り込むと失敗することもある。（30歳男性）

●日本人がフィリピンで生活するとなると、予想以上に出費が多くなることは覚悟しておいた方がいい。また子供がいる場合、学校をどうするのか（日本人学校は中学までしかなく、授業料も高い）考えておくべきだ。（43歳男性）

●仕事は日本もフィリピンも厳しさは同じ。フィリピンの日系企業は、日本より人間関係のしがらみが多いように思う。忍耐と自分を厳しく律することが必要。それでもフィリピンを深く理解し、その中で調和していけるなら、フィリピンで実力をつけてほしい。（48歳女性）

●フィリピン、フィリピン人への強い好奇心、情熱が必要。（42歳男性）

●フィリピン人から見て高給取りに見合う実力と倍する努力が必要。ふんぞり返らず、汗水垂らす謙虚さを忘れないこと。（43歳男性）

●フィリピン語よりも英語を勉強しておくべきだ。将来日本へ戻る予定なら、日本で数年働いてから来た方がよい。そうでないと日本での再就職は難しい。（23歳女性）

●全体的にフィリピンでの生活は日本と比べて厳しいことが多い。はっきりした目的を持ち、「郷に入れば郷に従う」ことができなければつらいだけ。（38歳男性）

●現地採用される場合には、たいてい日本での給与よりは安いが、日本にいるとき以上の能力が要求される。そうしたことが割り切れ、かつ楽しんで仕事ができるかどうか。お金だけではない、何か得るものがあると自覚できるかどうかが長続きの秘訣。（36歳女性）

フィリピンで働く「先輩」からの率直なアドバイス

●自分から積極的に友人関係や活動の場を広げていきたい。そうすることで、次にもっと良い仕事をオファーされることもある。（48歳女性）
●日本でできない夢や目標をフィリピンで実現しようとしても無理。フィリピンに行けば新境地が開けるのではといった、あいまいな動機では長続きしない。（26歳女性）
●「日本でたちゆかないので海外で」というような逃げの考えなら日本にいた方がいい。海外での生活は予想以上に厳しいので、それなりの覚悟が必要だ。続けていくにはフィリピンを好きになる適性もあると思うが、こればかりは試してみないとわからない。（33歳男性）
●駐在員と現地採用では給料が違いすぎる。フィリピンの現地採用はそのような（悪い）労働条件、待遇だ。（36歳女性）
●フィリピンが好きになり、この国で仕事をすることを決意した初心をいつまでも忘れないこと。（40歳男性）

ビザと外国人労働許可証

❶ビザ

「ビザ」(Visa) とは、出入国管理法 (Immigration Law) で定められている、外国人がフィリピンに入国・滞在する場合に取得しなければならない査証のことで、滞在目的により異なる。出入国管理局から発給される。

一般の労働ビザには「9g」や経済区庁ビザ「47a2」などがある。現地採用者の中には、フィリピン人と結婚した外国人が対象の永住ビザ「13e」を持つ人も多い。

ビザの申請・取得は直接、出入国管理局に出向いてもよいが、手続きを迅速化するための「エクスプレス」(特急料金) を求められたり、勝手が分からないと入管でたらい回しにされることがある。

また、申請書類の分かりやすいマニュアルもなく、窓口の担当者によって説明が違ったりする。こうした手間を省くため、手数料を払ってでも旅行代理店などに手続き代行を依頼する人もいる。

出入国管理局　Bureau Of Immigration
☎(02)527-3251
Magallanes Drive, Intramuros, City of Manila
マカティ事務所
☎(02)899-3831, 897-5335
G/F B.O.I. Bldg., Sen. Gil Puyat Ave., Makati City

❷外国人の労働許可

ビザはあくまで滞在資格であって、外国人がフィリピンで就労する場合、「外国人労働許可証」（Alien Employment Permit）を労働雇用省（Department of Labor and Employment=DOLE）から取得する必要がある。会社の規模、申請者の役職、技能、職歴などが総合的に審査された後、発行される。申請の手続きは通常、会社が行なうが、提出書類が多く、時間がかかる。近年、審査の基準が厳しくなる傾向にあり、申請しても必ず認められるとは限らない。

以下にビザの種類について説明する。取得には、それぞれ手数料がかかる。

【観光ビザ（9a）】Tourist Visa

入国の際、日本人は帰りの航空券があれば、到着時に空港で21日間の滞在許可がもらえる。

滞在が21日を越える場合は観光ビザ（9a）を取得する。必要なものはパスポートのみ。ただし、フィリピンでの労働は認められない。

観光ビザは入国日から最高1年まで延長が可能だ。ただし、1回目の延長は38日間で、2回目からは1ヵ月ごとというように毎月の延長手続きが必要。2ヵ月の延長も認められることがある。

フィリピンに来る前に、在日フィリピン大使館または領事館で59日間の観光ビザを取得することもできる。この場合、到着時空港で59日間の滞在許可のスタンプが押される。ただ、日本でフィリピン大使館や領事館に行く手間を考えると、マニラにいて直接取得する方が手っ取り早いという理由から、ほとんどの人がフィリピンで手続きを済ませている。

マニラ市にある出入国管理局正面

【労働ビザ（9g）**】** Pre-Arranged Employee Visa

労働雇用省から外国人労働許可証を取得した上で、出入国管理局に申請する。

《申請に必要な書類の一例》

1．会社からの発給依頼書

2．申請書（公証済み）

3．写真1枚（2×2インチ）

4．雇用契約書

5．会社の定款、およびSEC（Securitys and Exchange Commission＝証券取引委員会）への会社登録証明書

6．労働雇用省からの外国人労働許可証

7．パスポートのコピー

8．申請人の技能を評価する書類

1年ごとの更新で通常、3年まで延長が可能。更新時には申請人の納税証明書などの追加書類の提出を求められる。

【商業・投資ビザ（9d）】 Treaty Traders Visa

フィリピンで会社を設立、相当額を投資している場合に取得できる。また、その会社の従業員や家族も同等の滞在資格を得ることも可能。申請手続きには、発給依頼書、投資額の証明書、納税証明書、SEC（証券取引委員会）への会社登録証明書、雇用契約書など多岐にわたる細かな関係書類の提出が必要となる。１年ごとの更新。

【特別非移民・経済区庁ビザ（47a２）】 Special Non-Immigrant PEZA Visa

フィリピン経済区庁（PEZA=Philippine Economic Zone Authority）および投資委員会（BOI=Board of Investments）に登録している企業で働く外国人と、その家族に発給されるビザ。

【非割り当て移住ビザ、または永住ビザ（13a/13e）】 Non-Quota Immigrant Visa

フィリピン人と結婚している外国人が対象の永住ビザ。取得後の１年間は仮永住ビザ（13a）で、２年目に更に必要書類を揃えて申請すると正式な永住ビザ（13e）がもらえる。ただし、発給までには３ヵ月から、時には６ヵ月以上も日数がかかる。しかも、時々電話で担当者へのフォローアップが必要となる。

仮永住ビザの申請に必要な書類は、フィリピン人配偶者の出生証明書、結婚証明書、検疫局からの健康診断書、国家捜査局（NBI=National Bureau of Investigation）からの無犯罪証明書、一定額の銀行預金残高証明書など。

１年後の正式永住ビザの申請時には、仮永住ビザ期間の１年間、フィリピン人配偶者と同居していたことを示す、自治体からの居住証明書などを併せて提出する。

永住ビザがあっても、仕事をする場合は労働雇用省からの外国人労働登録証明書（Alien Employment Registration Certificate）が必要。

【特別居住退職者ビザ（SRRV）】 Special Resident Retiree's Visa

フィリピン退職庁（PRA=Philippine Retirement Authority）が外国人を対象に実施しているプログラムで、フィリピンでの永住権が与えられる。申請にはまず、退職庁が指定する銀行に6ヵ月間、預金することが義務づけられている。金額は、50歳以上は5万米ドル、35歳以上50歳未満は7万5,000米ドル。なおこのドル預金は後で引き下ろし、マンションの購入費等に充てることができる。

退職者ビザには、後述の出国の際に必要となる再入国許可証や出国許可証明の取得が免除されるなどの特権がある。

【バリックバヤン・ビザ】 Balik-Bayan Visa

フィリピン人と結婚している外国人が入国する際に、空港で1年間の滞在許可が与えられる。フィリピン人配偶者と一緒に入国することが条件。

❸出国と再入国

❶再入国許可証 Re-Entry Permit

労働ビザや永住ビザなどの長期滞在ビザは、フィリピンを一時出国した時点でその効力を失う。同じ滞在資格で再入国するためには、出入国管理局から再入国許可証の取得が必要。

❷出国許可証明 Emigration Clearance Certificate

6ヵ月以上フィリピンに滞在している場合、出国に際し出国許可証明が必要。これがないと空港で足止めされることになる。出入国管理局から取得する。

交通

昼間、マニラ国際空港に到着してから車で目的地に向かう途中に最初に目に入る光景は、どこまでも続く車の列、渋滞であろう。

ノロノロ運転で進んでいくこともあれば、10分以上全く動かないこともある。これに暑さや約束の時間に遅れるのではないかなどの不安が重なると、イライラ度は増すばかり。

渋滞の原因として、1980年以降にマニラ首都圏の人口が急激に増加したこと、移動がバスなどの公共交通機関だけでなく自家用車が加わったこと、さらに交通マナーが悪いことや信号が機能しない地域が多いため手信号で交通規制が行なわれていることが挙げられている。

幹線道路では、自家用車の他に、タクシーやバス、派手な装飾のジプニーが途切れなく連なり、路地裏や一方通行の道路では、小回りがきくトライシクルが元気よく走り回っている。

タフト通りの上を軽量高架鉄道（LRT=Light Rail Transit）がのんびりと走っていれば、エドサ通りに入ると首都圏鉄道（MRT=Metro Rail Transit）と呼ばれるもう１つの高架鉄道が、真新しい車輛を光らせながらさっそうと走る…。マニラの街は人も車もあふれんばかりだ。ここでは、マニラの交通手段を紹介していこう。

❶バス

首都圏内を走るバスは、「○○交通」「○○電鉄」など日本の中古バスを改造したものがほとんどで、右側通行であるためハンドルや

座席、ドアの位置を変えた以外は、降車を知らせるボタンも吊り革もそのまま残っている。

バスにはエアコン付きと窓を全開にして走るエアコンなしとがあり、エアコン付きのバスにはビデオが備えられているものもある。

エドサ通りを走るバスは、中央部に付いている番号で路線が決められている。「1」はマカティ市アヤラ通りとケソン市ケソン通りを、「2」はアヤラ通りとケソン市バリンタワックを、「3」はパサイ市空港通りとケソン通りをそれぞれ往復している。

路線図は車内にも掲示されていないし、ガイドブック等にも掲載していないので、慣れないうちは事前に友人などにバスの路線を確認するか、直接車掌に行き先を尋ねてから乗るようにしたほうがよい。

車内には、運転手の他に乗客から運賃を徴収している車掌がいる。座席に着くと車掌が来るので、行き先を告げて料金を渡せばよい。

初乗りは5 kmで4ペソ（2001年5月現在）。以後1 kmごとの追加料金は地域によって異なるが、首都圏では0.87ペソとなる。車掌から代金と引き替えに渡されたチケットは、乗り越しの確認を行なう時などに必要なこともあるので、降りるまで捨てない方がよい。

停留所は、渋滞緩和のために乗車専用、降車専用に分けたアヤラ通りを除いて、小さな標識が立っているだけだ。

例えば、エドサ通りにある停留所の看板は、路線番号と主な行き先が表示されているだけなので、日本のバス停のような停留所名や時刻表の書かれた掲示板を期待していると、乗り過ごしてしまうだろう。

時々、車掌が次の停車場所の案内をしてくれるが、早口で聞き取れないことが多い。乗る前に目的地付近の目標物を地図などで確認しておくことが必要だ。

❷タクシー

以前は、極端に車体の古いものやメーターの付いていないタクシーには乗らない方がよいというアドバイスが聞かれたが、最近は車体に損傷の少ないエアコン付きの車が増えた。

「渋滞の激しい場所を通るから」「メーターが壊れた」などの理由で高い運賃を請求する運転手がまだいるが、乗ると同時に黙ってメーターで走行する運転手の方が多い。

だいぶ利用しやすくはなったが、女性の夜間の利用はなるべく控えた方がよい。フィリピン人女性は夜中に１人でタクシーに乗ることを極端に嫌う。日本人女性も１人でタクシーに乗車しないよう心がけたい。

2004年12月現在、初乗り運賃は30ペソ（0.5km）。首都圏では0.25kmごとに2.5ペソの追加料金と、渋滞や停車の際には75秒ごとに2.5ペソの「待ち料金」が加算される。

日本のタクシー運転手と違い、道路や地名を知らない運転手が多い。旅客運送業に必要な運転免許を取得すればすぐに始められる仕事と考えられているためか、元会社員といった、運転手として経験が浅い人がいる。地図を用意するわけでもなく、「仕事するうちに道を覚えていくさ」と客を乗せてしまう。乗客の方が運転手に道順を教えなければならないことがあるので、タクシーを利用する前に目的地の住所や目印となる建物や通りの名前を一通り確認した方がよさそうだ。

また、雨の日や渋滞の激しい時に「そこは渋滞のひどい地域だから」と乗車を拒否したり、「これから教会へ行くから、教会までしか乗せない」と言う運転手がいることも知っておいた方がよいだろう。

タクシーは定員５人だが、その倍くらいの定員の「乗り合いタク

シー」がある。車種名から「タマラオ（タクシー）」や「FX」と呼ばれ親しまれている。車内はエアコンが効いており、首都圏内の市から市へ、または郊外から都心への移動に利用される。初乗りは10ペソ（2001年5月現在）。

❸フィリピンらしい乗り物

❶ジプニー

フィリピンの乗り物の象徴といえば、戦後、米軍のジープを改造して作ったのが始まりといわれるジプニー。トラックを小型化したような派手なボディーで、20人程度が収容できる乗り物だ。

マカティ市の一部では平日、エアコン付きのジプニーが走っているが、基本的にエアコンはない。初乗り（5km）は5.5ペソ。1kmごとの追加料金は地域によって異なるが、首都圏では0.635ペソ（2001年5月現在）。

バスと同じように路線はあるのだが、バスとは異なり、行き先表示は番号ではない。行き先は車体脇に表示され、正面には「Washington」「Post　Office」のように地元では有名な通りや建物などの名前、高架道路の通過を意味する「ibabaw（上）」またはその逆の「ilalim（下）」のようにタガログ語で書かれた小さな看板があるだけなので、一見しただけでは行き先や経由は分からない。

また、アヤラ通りやエドサ通りの一部分を除いては停留所はなく、乗降場所は特に決められていない。自分が乗りたいジプニーを見つけたら、手招きするだけで近くまで寄ってきてくれる。ほとんど歩くことなく乗ることができる。

料金は降りるまでに支払えばよく、降りる時は運転手に意思表示をしないと車を停めてもらえない。日本のバスのような感覚で乗ると戸惑うことが多いため、恥ずかしがらずに地元の地理に詳しい人

ジプニー乗り場（マカティ市ジュピター通り）

と一緒に乗車し、行き先の見分け方や下車する際の目標物などを教えてもらいながら徐々に慣れていった方がよいだろう。

❷トライシクル

2車線道路の交差点付近などでサイドカー付きのオートバイの群を見かけることがあるだろう。「トライシクル」と呼ばれている乗り物で、自転車にサイドカーが付いているのが「ペディキャブ」だ。

トライシクルは主要道路や幹線道路での走行が禁止されているため、バスやジプニーが走らない地域を中心に営業している。市場での買い物帰りに利用されるなど、ジプニー同様、庶民の足として利用されている。

サイドカーに1～2人分、運転手の後ろに1～2人分の座席がある。ラッシュ時には4～5人の客を乗せ、混雑した車の間をスイスイと通り抜けるため、渋滞のイライラが少ないが、排ガスを存分に吸うことになる。

初乗り（5km）は4ペソ。トライシクルもジプニー同様、降り

る場所が分かるまでは土地勘のある人と一緒に乗った方がよい。滅多に車が通らない通りや路地裏を走ることがあるので、気がついたら目的地を通り過ぎていたということになりかねないからだ。

❹鉄道

マニラ首都圏を走る唯一の国鉄、フィリピン国有鉄道（PNR=Philippine National Railway）。開通されたのは1892年と歴史は古い。マニラを始発とした国鉄は1960年代にはピークを迎え、北はルソン島ラウニオン州、南はアルバイ州へと距離を伸ばした。

その後、ラウニオンまでの北方線はピナトゥボ火山噴火などにより廃線。一方、南方線は、マヨン山の噴火や台風被害などで一部区間が不通になったが、1998年に全線が再開通した。しかし現在は、１時間に１本しか運行されない上に長距離バスよりも時間がかかることから、バスを利用する人の数が増え、市民の間で「国鉄離れ」が進んでいる。

また、線路沿いでは市民が不法に住居を構えているため、思うように整備が進まないことが国鉄のイメージ低下を招き、日本人はもちろんのこと、フィリピン人庶民の間でもあまり利用されていないのが現状だ。

では、フィリピンには鉄道がないのかというと、そういうわけではない。カロオカン市とパサイ市を結ぶLRT、ケソン市とパサイ市を結ぶMRTの２つの私鉄があり、首都圏の快適な移動手段として貢献している。どちらの鉄道もPNRに比べ便数が多く、バスやジプニーよりも短時間で移動できるため、渋滞に悩まされることがない便利な乗り物として市民には人気がある。

MRTのNorth Avenue駅

【LRT】（LRTとMRTの路線図は5ページ）

1984年に開通したLRT（Light Rail Transit＝軽量高架鉄道）は、タフト通り沿いを走るフィリピンで最初にお目見えした高架鉄道だ。カロオカン市モニュメントからパサイ市バクラランまで18の駅があり、リサール公園、チャイナタウンが通過地点となっている。

運賃は初乗りが12ペソ（2004年12月現在）。それ以降は距離により加算される。バスやジープニーより少し割高だが、始発から終点まで約15キロの距離を乗っても15ペソで済んでしまうため、長距離移動には手ごろな料金といえる。

窓口でトークンと呼ばれるコインを買い、改札を通る時にトークンを投入口に入れるだけでよい。ただ、日本の自動改札とは異なり、1度入れたトークンはそのままで、出てこない。降りる時はフリーパスとなる。

エアコン付きといっても、日差しの強い時期の車内は蒸し暑く、うちわをあおぐ女性の姿がよく見られる。

区間内の各駅間所要時間はだいたい2分ほど。到着前に日本の電

MRT

車のような車掌のアナウンスはなく、車内に路線図もない。駅に着いた時に駅名の看板を素早く見つけないと乗り過ごすことも。目的地を通過した場合、反対方向の乗り場に移るためには一度改札を出なくてはならない。

【MRT】

渋滞が最もひどいと言われるエドサ通りに2000年７月に開通したMRT（Metro Rail Transit＝首都圏鉄道）。ケソン市ノース通りからエドサ聖堂、パシッグ市のメガモール、マカティ市のアヤラセンターを横目に見ながら、パサイ市タフト通りに到着するまで13駅がある。

同じ区間、車を利用すれば１時間以上、渋滞がひどい時は２時間以上かかるところをMRTなら約45分で移動できる。始発終点駅のタフト駅のすぐ近くにLRTのエドサ駅があるので、LRTへの乗り継ぎができる。

料金は初乗り（１駅区間）は9.5ペソ（2004年12月現在）。それ以

MRT 改札口での手荷物検査

降は１駅ごとに0.5ペソずつ加算されるため、始発から終点までの料金は15ペソになる。乗車の際は窓口で行き先を告げてカードサイズの切符を買う。窓口が常に混雑するので、通勤通学者の間では200ペソのプリペイドカードの利用が多い。日本の自動改札と同じように、改札に入る時はカードを挿入し、通過後に出てきたカードを抜き取る。改札を出る時は、カードを入れるだけでよい。

LRT の車輌とは異なり、MRT の車輌は冷房が完備なので、乗っていると暑さを忘れてしまう。時々、車掌が到着駅のアナウンスをしてくれるが、エアコンの音でかき消されて聞こえにくいことがある。やはり、注意深く駅名の表示を探したほうがよさそうだ。

2000年はショッピングモールや LRT 車輌内での爆破事件が相次ぎ、死者が出るほどの惨事となった。モールや駅の出入口では警備員が乗客のカバンや荷物をのぞいたり身体検査をして、危険物を所持していないかを調べている。ラッシュ時はこの検査で長蛇の列になることもあるので、短時間で検査が済むように、荷物はなるべくコンパクトにまとめておいたほうがいい。

現在、LRTとMRTを結ぶような形でケソン市オーロラ通りを通るMRT2号線が建設されている。まだ計画中だが、ケソン通りを通るLRT4号線、カビテ州へ現在のLRT路線を延長するLRT6号線、クラーク基地と首都圏をつなぐ「ノースレイル」と呼ばれる鉄道など、首都圏での鉄道の整備は徐々に整いつつある。

❺自家用車

日本人駐在員のほとんどは、運転手付きの自家用車を所有し、通勤以外に買い物や週末のゴルフの往復に利用している。現地採用者の場合は、運転手付きとまではいかないが、自ら運転し通勤している人もいる。マニラで暮らす日本人にとって自家用車は今や必需品となりつつある。

車を利用するにあたり、まず覚えておかなければならないことは、3桁あるプレートナンバーの末尾の数字に従い、運転できない日がある末尾規制。これは、ナンバープレートの色で乗り入れを規制していた歴史的背景から「カラーコーディング」とも呼ばれている。

首都圏の渋滞緩和策として1996年から導入されたもので、末尾の数字が1、2は月曜日、3、4は火曜日といったように、各車両とも月～金曜日（午前7時～午後7時）、運転ができない日を設けている。

違反すれば罰金を支払わなくてはならないので、運転する前に規制日を確認しておく必要がある。車が使えない日はタクシーや公共交通機関を使って移動するしかない。新車なら、陸運局に登録する際、末尾の数字を指定することができる。

運転免許

フィリピンで車を運転するためには、日本の免許証をフィリピンの免許証に書き換えるか、直接現地で試験を受けフィリピン陸運局(LTO=Land Transportation Office)発行の免許証を取得する。

日本で取得した国際運転免許証はフィリピンの場合、入国から90日以内しか運転できないので要注意。長期滞在を考えるなら、到着後フィリピンの免許に書き換えることをお勧めする。

❶日本の免許証を書き換える

日本の免許を書き換える場合、まず大使館から免許証の英文翻訳証明書を発行してもらう。在比日本大使館へ失効していない日本の運転免許証とパスポートを提出すれば、申請日の翌日午後2時以降に英文の証明書を受け取ることができる。費用は800ペソで、申請も受領も代理人が可能だが、その場合は申請者からの委任状および代理人の写真付き身分証明書(ID)が必要となる。

翻訳証明書を取得後、日本の運転免許証とパスポート(ACRと呼ばれる外国人登録証もあればなおよい)を添えて陸運局へ提出すれば、フィリピンの免許が取得できる。費用は235ペソ。支払いの証拠となる陸運局発行の正式領収書(Official Receipt)を受け取り、免許証が出来上がるまでは、その領収書が免許証の代わりをする。ただし免許証のプラスティック台紙そのものがない等の理由で日数がかかることが多い。また、外国人だと高い手数料を要求されたりすることもあるが、正攻法でいきたいものだ。

❷現地で取得する

日本の免許が失効していたり免許がない場合は、現地のルールに従ってフィリピンの運転免許を取得する。

フィリピンでは16歳になると、陸運局に書類を提出すれば日本の仮免許にあたるStudent Permitがもらえる。17歳になると、学科および実技試験を受け、日本の「普通自動車免許」にあたるNon-Professional Driver's Licenseに切り替えることができる（17歳以上だとStudent Permit取得の1ヵ月後）。自家用車を運転するにはこのNon-Professional Driver's Licenseを取得すれば十分だ。

18歳以上の人でNon-Professional Driver's License取得後4ヵ月が経過していれば、旅客用の車両を運転できるProfessional Driver's Licenseの受験資格が与えられる。

フィリピンにも路上教習を受けられるDriving Schoolがあるが、利用者は少ない。フィリピン人のほとんどは親類や友人らから運転を教わりながら「実地練習」を積む。

日本人を含む外国人も上記と同じ手続きを踏んでフィリピンの免許を取得する。Student Permitの取得のためには、その時点で1ヵ月以上フィリピンに滞在し、引き続き5ヵ月以上滞在する予定があること、さらに英語もしくはフィリピノ語の読み書きができることが条件だ。

まず、陸運局に5ヵ月以上滞在することを示すビザ付きのパスポートと外国人登録証、それに身分証明書用の写真を提出する。Student Permit取得の際には試験はない。手続きにかかる費用は75ペソ。

Student Permitを取ってから1ヵ月後にはNon-Professional Driver's Licenseの取得が認められる。その際、Student Permitの他に、陸運局認可の内科医の署名入りの診断証明書を提出する。提

出書類が整い、205ペソを陸運局に払えば受験できる。陸運局ではフィリピン人と同じく学科と実技試験が課せられる。Student Permit の有効期限は1年なので、この期間内に正式な免許証を手に入れたい。

ところで、学科試験と実技試験はどのようなものか。実際に Professional Driver's License まで取得した日本人男性Eさん（50代、在比9年、日本の普通免許所持）の話を紹介しよう。

学科試験は、英語とフィリピノ語のどちらかの言語で受験できる。Eさんによると、交通ルールが理解できるくらいの語学力があれば問題はないらしい。ちなみに、Eさんはフィリピノ語で受験してみたが、結果はさんざんだったという。

実技試験は日本製の廃車に近いような大型乗用車を使い、前進と後進ができれば合格。日本の教習所で苦労したS字やクランクといったものは試験場になかったから非常に簡単だったとか。

晴れて試験に合格しても、その日のうちに運転免許証が手に入るわけではない。日本の免許の書き換え時と同様に正式領収書を受け取る。その領収書の発行から60日以内に免許証がもらえることになってはいるが、それを過ぎることもあるようだ。過ぎれば、その領収書の有効期間を「更新」するために陸運局まで出向くことになる。

機械化が進み、免許証発行までの時間がだいぶ短縮されたものの、免許証を手にするまでにはかなりの時間と忍耐を要する。それまでは免許証取得の証明となる領収書を持参していれば、運転していても問題はない。

フィリピンで運転免許証を手に入れることができたら、気をつけたいのが更新である。免許証は取得後3度目の誕生日まで有効だ。失効日の3ヵ月前から更新ができる。

更新の手続きを終えると領収書が発行される。新しい免許証を受け取るのに、ここでも待たされてしまう。

銀行

❶銀行口座を開く

【Bank of the Philippine Islands　ジュピター支店の場合】

口座開設に必要なもの

●身分証明書２点

●パスポート（必須）

●国際運転免許書（日本の運転免許書の場合は、日本大使館発行の翻訳証明を添付すること）

●クレジットカード（海外で使用できるものに限る）

●現金（ペソ口座：P5,000〈通帳〉、P3,000〈ATM カード〉ドル口座：＄500）

銀行口座は、フィリピンに到着した翌日から開設できる。

Bank of the Philippine Islands（BPI）　ジュピター支店（マカティ市）では、口座開設に必要なものは身分証明書２点と現金。身分証明書としてはパスポート（コピー不可）の他に、現在有効な国際運転免許証か海外でも使用できるクレジットカードのどちらかが必要となる。日本の運転免許証を持っている場合、在比日本大使館から発行される翻訳証明書を添付すれば問題ない。

書類が整えば、定期預金のペソ口座を開くことができる。その際、現金自動預け入れ・支払い機（ATM）カードまたは通帳のどちらかの指定をしなくてはならない。最低3,000ペソを預金すればATMカードが、5,000ペソでは通帳がついてくる。5,000ペソ預けたから

といって、日本のようにカードと通帳の両方を銀行から渡されることはない。

ATMカードはフィリピン国内のどの支店からでも引き出しできるが、通帳は口座を開いた支店でしか引き出せない。預け入れはどちらも、どこの支店でもできる。

ドル口座を開くには500ドル以上の現金の他に、1ドルにつき10センタボ（1ペソ=100センタボ）の手数料が必要となる。例えば500ドル預金するとなれば50ペソの手数料がかかるというわけだ。引き出しの際は、1ドルにつき5センタボの手数料がかかる。ドル口座は通帳のみ。したがって、引き出しは口座を開設した支店だけとなる。

ペソ・ドル両口座ともに、銀行口座は即日開くことができる。通帳は申し込んだ日に受け取れるが、ATMカードは4～5日後に取りに行かなくてはならない。本人確認のために身分証明書が必要なのでお忘れなく。4桁の暗証番号（PIN=Personal Identification Number）を入力したら、すぐ使用できる。

やむを得ない事情で銀行口座を開設後1ヵ月以内で閉鎖する場合、ペソ口座は100ペソ、ドル口座は5ドルの手数料を支払えばよい。口座を開いて1ヵ月たってからの閉鎖は手数料不要となる。

マニラには邦銀の支店はあるものの、法人企業への業務サービスしか行なっていないため、個人の銀行口座開設といったサービスはない。しかし、日本の都市銀行と提携している銀行では口座を開くことは可能である。

【Prudential Bankの場合】

口座開設に必要なもの

●パスポート

●パスポートのコピー

●写真2枚（2×2インチ）
●現金（ペソ口座：P1,000〈通帳〉、P2,000〈ATMカード〉
ドル口座：＄250　円口座：5万円）

東京三菱銀行が提携しているPrudential Bankでは、口座開設に必要なものはパスポートとそのコピー、写真（2×2インチ）が2枚と現金。

円口座は5万円から受け付ける。ドル口座は250ドルからで、円・ドル口座共に手数料はかからない。ペソ口座については、通帳希望は1,000ペソを、ATMカード希望は2,000ペソを支払えばよい。

ATMカードがつくのはペソ口座だけで、他の口座は通帳に限られている。通帳は即日使用可能だが、カードは申請後3日で手にすることができる。

口座開設後、1ヵ月以内に閉鎖した場合、ペソ口座で25ペソ、ドル口座で2ドル、円口座で125円の手数料が必要となる。1ヵ月後の口座閉鎖の手数料は不要だ。

【利息】

銀行口座を開くにあたり、最も気になるのが利息である。フィリピンの銀行の利息は一般的に、大手銀行は安く、規模の小さい銀行ほど高いと言われている。経営が安定していて規模が大きい銀行は預金者が多いために利率は低いが、逆に預金高の少ない銀行は預金者を獲得するために高い金利を出すようだ。

BPIジュピター支店の場合、銀行が倒産した場合、補償の最高額はペソ口座で10万ペソ。ドル口座は10万ペソに相応する金額（2001年6月現在では約2,000ドル）。つまり預金額が10万ペソを超えても、銀行の経営が破綻したら10万ペソまでの補償しかないということになる。銀行選びは、どこまで預金者が自己責任を負えるのかにかかっていると言えそうだ。

❷送金

❶日本からフィリピンへの送金

外国為替を扱っている日本の金融機関から、フィリピンの銀行口座へ送金することは可能だ。日本から円かドルをペソ口座に送金した場合は、ペソに換算されてしまうので注意したい。円またはドルで引き出したい場合は、フィリピンで円またはドル口座を予め作っておく必要がある。

日本の銀行からフィリピンで提携している銀行への送金にかかる日数は1～2日。提携先以外への送金は、銀行にもよるが、3日以上かかると考えていい。つまり、東京三菱銀行から提携先のPrudential Bankへ送金する方が他の銀行へ送るより速いということだ。

したがって日本から送金する場合、振り込み先の銀行が日本の銀行と提携しているかどうか、日数、振り込み手数料を前もって確認しておいた方がよいだろう。

ちなみにフィリピン国内の振り込みでは、同銀行間ならその日のうちに相手の口座へ送ることができる。

ここで気をつけなければならないことは、手数料。振り込む時に振り込み手数料を取られ、受け取る時にはまた受け取り手数料が取られる。受け取り手数料は銀行によって異なるため、可能ならば直接、振り込み先となる銀行に料金を確認した方がよい。

❷振り込みに関するトラブル

フィリピンの場合、口座に入金があっても、銀行から顧客への連絡はない。また、通帳に送金者の記入はなく、送金した銀行の振り込み受け付け番号が記されているだけである。これは国外からの送金に限らず、国内でも同じことだ。

送金もしくは振り込みをする場合、必ず振込伝票（Deposit Slip

と呼ばれている）のコピーを先方へ送るようにしたい。入金があったことを確認するためには、振込伝票に記載されている番号が必要となる。

伝票を銀行の窓口に提示し確認してもらうのが一番確実な方法だが、番号が分かれば通帳に記載されている番号と照らし合わせ、振り込みがあったかどうかを確かめることができる。

日本人は最初、フィリピンの銀行制度に戸惑うことが多い。商品購入や会費支払いの振り込みに関するトラブルも頻繁に起こる。「銀行に振り込んだはずなのに、また請求書が届いた」「御社で振り込み先を指定しておきながら、入金が確認できないとはどういうことだ」等々。

振込伝票のコピーを送付しなかったために、二重支払いをすることになってしまったという日本人は多い。また、伝票のコピーが不鮮明のために、受け取った企業や団体では誰から振り込まれたか確認ができず、支払い済みの人に請求書を送りトラブルになったケースもある。

日本人顧客を抱えている企業や団体の申込書や請求書に「銀行振り込みされたら必ずDeposit Slipを送付して下さい」と記載してあるのは、こういったトラブルを未然に防ぐためだが、支払い後に伝票を捨てる人が後を絶たない。気をつけたい。

電話とインターネット

❶加入電話

フィリピンの通信業界は、長く国内最大のフィリピン長距離電話会社（PLDT）がほぼ事業を独占してきた。しかしラモス政権時代の1993年に自由化され、携帯電話および国際通話サービスを提供する通信事業体に対し、地上電話線の敷設が義務付けられた。

このため、マニラ首都圏では、以前と比べ加入電話の申請から自宅に設置されるまでの時間は幾分かは短縮されたが、それでも数週間から数ヵ月、時には１年以上もかかり、地上電話線はまだまだ不足しているのが現状だ。

会社移転に伴う電話の移設工事も、期日までに終わらないなど、電話にまつわる苦労話をよく耳にする。

市内には公衆電話も少なく、コインを入れても故障していてかからない「貯金箱電話」が目に付く。また市内通話料金が固定されていることから、長電話をする人も多く、急ぎの時に相手方が話し中でいらいらすることもある。今後の通信インフラ網の整備が急がれる。

❷携帯電話

フィリピンでは携帯電話のことを「セルフォン」と呼ぶ。設置ま

シューマート(マカティ市)

で時間がかかる加入電話と比較し、プリペイド方式もある手軽な携帯電話が近年人気を集めている。2001年3月末現在で加入総数は約750万人に達し、ついに事務所や家庭にある加入電話の契約者数を上回った。

マニラ市内の「ハリソンプラザ」や「シューマート」などショッピングモールの通路には、所狭しと携帯電話機の販売ブースが並ぶ。プリペイド方式の場合、外国人でもすぐに購入でき、その場で使えるので便利だ。

フィリピン国内では大きな地方都市とその近辺では携帯電話がつながる。日本とフィリピン間の通話もできる。公衆電話の少ないフィリピンでは、携帯電話は日本以上に有用で、オフィスやバスの待合所で若者や学生がしきりに文字メールを打つ光景は日本と変わらない。しかし、携帯電話の普及に伴い、電話機のひったくり被害が最近目立つようになってきたのはいただけない。

携帯電話業界では、PLDT傘下のスマートコミュニケーションズ社とグローブテレコム社が、文字メールやインターネットサービ

スなどの付加価値を付け、新規加入者の獲得で競い合っている。

しかし、2社の加入者急増により通信インフラ網が追いつかない状況を招き、「つながりにくい」「通話が中断される」など、利用者から苦情が出ている。「朝夕は何回ダイヤルしてもかからない」など、「一発でつながるのが当たりまえ」の日本と比較し、回線状況への不満が多い。

携帯電話本体価格も各社の競争で3,000ペソ台まで値下がりし、若年層にも広がっている。携帯電話機のメーカーは、ノキア（フィンランド)、モトローラ（米国）などが人気が高い。日本から持参した携帯電話機はフィリピンでは使えない。

渋滞の多いこの国では、約束の時間に遅れそうな時など携帯電話は必需品だが、日本人が携帯電話を個人名義で契約する場合には、電気料金など公共料金の本人名の領収書など、身分や居住を証明するものが必要になるため、ちょっとめんどうくさい。

❸インターネット事情

電話事情の改善とともに都市部ではインターネットも急速に普及している。マカティの中心部の大ショッピングモール、アヤラセンターには日本語の可能なインターネットセンターも出現した。

個人用でも仕事での通信手段でも、従来のファックスや電話に電子メールが迫る勢いだ。日本の家族や本社との連絡にも、通信費が安く、また、フィリピンにいても日本の新聞のホームページ等に時差なしでアクセスできる利点がある。

マニラで仕事を探す際にも、ブラウザとメーラーなどの基本操作は今後ますます必要になるだろう。

フィリピンには現在、約160社近い大小のインターネット・サービスプロバイダー（接続業者）があると言われる。

コンピューターショップ（マカティ市）

プロバイダーへの接続方法には、電話回線を使い直接プロバイダーへダイヤルアップするものや、ケーブルテレビ（CATV）の引き込み線を通してインターネット接続を行なうものなどがあるが、前者がまだ一般的だ。

ただ海外にアクセスする場合、業者によっては海外との通信回線の容量割り当てが小さかったり、１回線当たりの加入者数が多すぎて混雑したりなど、ダイヤルアップ接続時および通信時の伝送スピードが遅いという難点もある。プロバイダーを選ぶ際、これらが１つの基準となる。高速インターネットサービス普及に向けての今後の環境整備が待たれる。

健康管理

「フィリピンでもし病気になったら、事故にあったら…」

行く前から不安に思うことの１つだ。友人もいないし言葉も通じない、病名も理解できなかったらどうしよう……。

フィリピンでは日本語の通じる病院は日本人会診療所くらいだ。デング熱など日本にない熱帯性の病気も多い。年中暑いが、エアコンの効きすぎで腹が冷え下痢をしたり風邪を引くこともよくある。

でも普段からそうしたことを踏まえ、心の準備をしておけば、病気になった場合にあわてなくて済む。フィリピンには近代医療機器を備えた総合病院も多い。ただ日本とは病院のシステムが違うので、フィリピンの医療機関へのかかり方や病気の種類、大まかな処方の知識を持っておくことが大事だ。また、信頼できるフィリピン人医師の当直日時、連絡先を調べておくようにしたい。

来比前には「海外旅行傷害保険」に加入することをお勧めする。そしてその保険証書のコピーを保管し、補償内容や支払方法を確認しておきたい。ただし、この保険は「日本に拠点をおく人が一定期間海外に出た際に適用される」というのが基本になっている。滞在期間の決まっている留学や、仕事目的でも駐在員として一定期間派遣される場合は問題ないが、帰国予定の全くない人の場合は、対象とならないことがあるので、保険会社に確認しておこう。

❶フィリピンの医療システム

フィリピン人医師は、日本の病院と異なる「オープンシステム」

と呼ばれる制度のもと、「病院」という建物内にオフィスを借り、そこで患者を診察している。病院はこれら独立した医師に検査や治療施設を有料で提供しているわけである。検査の費用や施設使用料を負担するのは患者だ。この制度は日本人には馴染みが薄いので、はじめは戸惑ってしまう。

複数の病院や外部のビルにオフィスを構えている医師もいて、毎日同じ病院にいるわけではない。したがって、病気をした際には担当医師に連絡し、予約しなければならない。医師は必要があればレントゲンや採血などを臨床検査部門に依頼する。

患者は自分で検査室に行って検査データを受け取り、担当医に見せてアドバイスを受ける。医師の指示が納得いかなければ、他の医師に検査データを示し「ダブルオピニオン」を取ることも珍しくない。

医薬品が必要な場合は医者が処方せんを発行し、患者が薬局で購入する。

入院する場合も、患者は病院へ病室や手術室等の施設費を払い、医者はその病室に「往診」しながら治療を進めていく格好になる。日本の医師のように、原則として１つの診療所や病院に勤務し、そこから給与をもらいながら患者の治療を完結させるのとは大きく異なる。

❷救急車

日本では急病や事故の場合、電話１本すれば無料で救急車が駆けつけてくれる。しかしフィリピンでは、自治体の無料救急車サービスもあるが、基本的に有料が多い。大きな病院には救急車があるが、料金は高い。

道が渋滞していて救急車を待っていたら時間がかかることもあ

り、急病の場合、救急車を呼ぶ前にタクシーか自家用車で病院の救急室まで運んでしまうのが普通だ。夜間、救急の場合を考えて、ビレッジやコンドミニアムのガードマン詰め所の電話番号や、料金は高いが24時間営業で家まで来てくれるホテルタクシーの番号をひかえておくとよい。日頃から、いざという時に手助けしてもらえるような近所づきあいをしておきたい。

医療機関から独立した民間の救急車派遣会社もあり、そこの年間会員になっていれば無料で救急車が来てくれる。会社などで福利厚生の一環で社員全員が加入していることもある。

事故の際には、駆けつけた警察が最寄りの病院に連絡し、そこの救急車が来るが、間に合わない場合には通りがかりの車を止めて病院にかつぎ込まれることもしばしばある。フィリピン人はそのあたりの助け合いの気持ちが強く、実に協力的だ。

事故に巻き込まれた場合を考え、常に携帯電話を持ち、多少の現金と、連絡先・電話番号が明記された身分証明書を携行したほうがいい。

【民間の救急車派遣会社の例】

Lifeline Arrows Medical Specialists, Inc.
☎(02)727-9999, 16-911 (Hotline)
マニラ首都圏内は24時間対応で救急車、バイクが現場に急行。
年会費は個人で700ペソ、非会員は１回の搬送料金が5,000ペソ

❸通院費・入院費

日本なら「治療費」は病院の窓口にまとめて支払えばそれで終わりだが、フィリピンは仕組みが違う。病院には部屋代や看護料金や検査料金、薬局に薬の代金を支払い、入院時に診察を依頼した医師

には診察料を支払う。

このシステムを知らないため、医者に法外な治療費を請求されたと勘違いする日本人もいる。もっとも、勘違いしなくても、日本人の利用する病院は高度な医療設備を備え、フィリピンの富裕層や芸能人が利用するクラスの病院が多いため、治療費は高くなるようだ。

2001年から日本の健康保険（国保など）の給付対象が、海外での病気やケガの治療にまで広げられた。ひとまず全額を自分で支払い、あとから還付を受けることができる。

海外旅行傷害保険に加入の場合、立て替えなくても済むキャッシュレス・メディカルサービスもある。詳しくは、下記の海外旅行傷害保険クレームエージェントまで。

プレステージインターナショナルマニラ代表事務所
Prestige International（S）Pte. Ltd.
☎(02)817-1289　Fax. 840-2913

入院治療費の例

◉25歳、女性
A型肝炎でマカティ・メディカルセンターに22日間入院。
担当医は病院の近くのビルで開業しているフィリピン人医師。1、2日おきに往診に来る。
●部屋代(個室、食事込み、冷房・温水シャワー・テレビ付き)　4万8,400ペソ
●薬代　1万8,399ペソ
●検査費　1万7,516ペソ
●救急病棟費　350ペソ
●電話代（市内）　62ペソ
●医者診療費　3万ペソ
●計　11万4,727ペソ（約23万円）

❹主要病院

病気になった場合は、直接、医師や診療所に連絡を取り、受診する。緊急に備え、担当医の電話番号や診察時間、診療所のリストを作っておけば便利だ。

マニラ首都圏には優秀なフィリピン人医師を抱え、緊急時に対応できるいくつかの総合病院がある。また、マニラ日本人会診療所には日本人事務局長と(財)海外邦人医療基金から派遣された邦人医師がいてアドバイスを受けられる。日本人会の会員でなくても、非会員利用費を支払えば、受診は可能だ。

マニラ日本人会診療所
The Japanese Association Manila, Inc. (Medical Clinic)
☎(02)818-0880, 819-2762　Fax.(02)819-2811
23rd Floor, Trident Tower, 312 Sen Gil Puyat Avenue,
Salcedo Village, Makati City

Makati Medical Center
フィリピンで最高の医療設備・医師を備えている。
☎(02)815-9911, 892-5544, 752-5544／5545
2 Amorsolo St., Makati City

Dr. Trocino Clinic
日本に留学経験のあるロムロ・トロシーノ医師のクリニック
☎(02)815-9911 内線7208 Telefax. 892-6134 Cell. (0917)816-6400
Rm208 Makati Medical Center, 2 Amorsolo St., Makati City

マカティ・メディカルセンター

Manila Doctor's Hospital
☎(02)524-3011
667 United Nations Ave., Malate, City of Manila

外務省ホームページ海外医療情報
http://www.mofa.go.jp/mofaj/toko/medi/iryo/index.html
財団法人海外邦人医療基金の医療情報
http://www.health.co.jp/jomf/

病気

❶蚊が媒介する感染症

❶デング熱（Dengue Fever）

蚊を媒介し発熱をおこすような病気にデング熱、マラリアがある。中でもデング熱はフィリピンでは「Hフィーバー」とも呼ばれており、6月から11月の雨季にはマニラ首都圏など都市部でも猛威を振ることがあるため、日本人も油断できない。ワクチンは開発中。特効薬がないため発病しても対症療法となる。

ウイルスを媒介する熱帯シマ蚊の吸血時間は日中とされる。潜伏期間は蚊に刺されてから2日〜1週間前後。39度以上の高熱が3日以上続けば、デング熱の可能性は否定できない。

ウイルスに感染・発病すると、突然寒気を伴って発熱し、関節や筋肉痛、頭痛、目の奥の痛みなどインフルエンザに似た症状が出て、1週間くらい高熱が続く。発熱が続いたら安易に解熱剤などを服用せず、早急に医者にかかることだ。デング熱の際、アスピリン系の解熱剤は症状を悪化させる恐れがあるので服用しないこと。

デング熱には現在、4種類のウイルスが知られており、2度以上かかることもある。発熱の初期には、血液検査をしてもどんな病気なのかフィリピン人医師でも見極めが難しいとされる。フィリピンではありふれた病気だが、まれに治療が遅れたり、年少者の場合、鼻血や皮下出血が止まらない「デング出血熱」となり、ショック症状を起こし死亡することがある。

予防は、まず蚊に刺されないこと。どぶ川や水路だけでなく、家

庭の洗濯機や古タイヤ、排水溝のまわり、花瓶の水、植木鉢にも蚊が好んで発生する。

窓やドアに網戸を取り付けて蚊の侵入を防ぐこと、常に周囲を清潔に保ち蚊の発生源を排除すること、また蚊の多そうな場所に外出の際には肌の露出部や衣服に虫除けスプレーを塗ることなどが手っ取り早い予防法だ。フィリピンのどこの薬局でも「OFF」という虫除け剤を購入できる。

❷マラリア（Malaria）

マラリアを感染させる「ハマダラ蚊」は夕方から朝方にかけて活動的になると言われる。しかし、ハマダラ蚊はマニラ首都圏など都市部にはいない。マニラやセブなどで生活する場合にはまず心配はないが（ハマダラ蚊はきれいな水で発生する）、フィリピン中部のパラワン島、南部のミンダナオ島の山間部にはマラリアが流行している地域があるため、行く時には事前にマラリアの感染危険度の確認が必要だ。

予防はデング熱同様、蚊に刺されないこと。また刺されても発病しないように予防内服薬を服用することも有効だが、副作用の強い薬が多く、また抵抗性の熱帯性マラリアも存在しており、医師の処方を受けながら正しく服用することが大切だ。

❷汚染された水や食物からかかる病気

フィリピンの都市部の水は深い容器に入れてみると薄く濁っていることが多く、「泥度」が高いとされる。雨季の時期や断水の後には特に透明度が低くなる。土中の水道管も古いことが多く、その継ぎ目から泥がしみこんだり、水圧が弱いためポンプで無理に水を吸い上げる際に汚水を吸い込むからだ。

フィリピンに来ていきなり激しい下痢を経験したという話はよくある。「Welcome　Bowel（歓迎の下痢）」と呼ばれる通り、抵抗力のない日本人はこの水が原因で下痢をすることが多いようだ。

予防は汚れた水道水を飲まないことだ。井戸水も危ない。しかし実際には、野菜を洗う水、歯磨きの水までミネラルウオーターという訳にはいかない。レストランの氷などもチェックすることは不可能だ。また市販のミネラルウオーターが必ず安全という保証もない。

ミネラルウオーターを煮沸すればまず安全だが、長期に滞在する場合、結局は自己防御しながら、同時に抵抗力を付けていくしかない。

水、または刺身など生ものが原因で、日本人もよく経口感染する病気に次のものがある。

❶腸チフス（Typhoid Fever）

腸チフスは食欲不振、発熱、けん怠感などの症状を引き起こす。下痢は必ずしもあるわけではなく、逆に便秘の場合もあるので要注意。腸チフスはフィリピンでは結構ポピュラーなため、早期に医者にかかり抗生物質を服用するなど適切な治療が行なわれれば、そんなに怖い病気ではないが、手遅れになると致命傷になることもある。

１回接種のワクチンがあるが、感染経路がはっきりしているので、やはり飲み水と生ものには注意を怠らないこと。

❷アメーバ赤痢（Amebiasis）

アメーバ赤痢は日本では法定伝染病に指定されているが、フィリピンでは下痢を引き起こす普通の病気として治療されている。生ものを好む日本人には比較的多い病気だ。ワクチンはない。

下痢や腹痛の症状があるが、安易に下痢止めを服用せず、医者に相談することが必要である。新鮮便を顕微鏡でのぞけば診断がつく場合も多いので、検便が重要となる。治療には、一般の抗生物質が効かないため、特別な抗原虫剤を投与する。

❸A 型肝炎

A 型肝炎ウイルスも、衛生状態の悪い場所の水や魚貝類などから感染し、発病すれば回復まで１ヵ月以上の安静が必要となる。

１度かかれば再発はしないが、重症化することもあるので、無理は禁物だ。長期間有効のワクチンも開発されている。

マニラ湾近辺に赤潮が発生した時にはタホン（ムール貝）やカキなどは口にしないのがよい。

その他、汚染された水や食べ物からかかる病気として、コレラ、サルモネラ菌、食中毒、寄生虫などがある。

ワクチンの効かない一般の下痢なども日本と比べて多いので、水道水は安全とする日本での生活習慣を変え、感染経路を自分で遮断する日頃からの防御策が大切だ。

❸狂犬病

犬の登録制度や狂犬病の予防注射が徹底している日本だが、フィリピンは今日でも狂犬病が多い国である。飼い主が犬に予防注射をしていないことが多く、唾液の中にウイルスが含まれている可能性がある。

狂犬病は発症すると100%死亡する恐ろしい病気だ。都市部、地方を問わず野良犬が通りをうろついているフィリピンでは、動物好きの人は特に要注意である。

狂犬病にはいくつかの予防法がある。まず人間が予防接種を受けて噛まれた時の自衛をはかるのも１つ。また不幸にして噛まれた時には、小さな傷でも油断せず、医者に相談すること。発症すればすでに手遅れだ。噛まれた後にでも間に合うワクチンも開発されており、すぐに接種すれば発症を防げる。

何よりも、知らない犬には近寄らない、触らないことが狂犬病予防の大原則。犬だけでなく、猫や猿などのペットも狂犬病ウイルスを持っていることがあるので油断してはいけない。自分のペットにも予防注射を徹底すること。

【マニラ日本人会診療所で受けられる予防接種】

B型肝炎、A型肝炎、狂犬病、破傷風、腸チフス、日本脳炎、三種混合、風疹、BCG、水痘、麻疹など。

フィリピノ語

❶フィリピノ語と英語

外国人がフィリピンで暮らし、働く上で必要になる言葉といえば、フィリピノ語と英語の2言語だろう。「フィリピノ語」はアキノ政権発足時の「1987年憲法」で「タガログ語をベースにしたフィリピンの国語」と規定された。

しかし、フィリピンでは100以上の地方語やその方言が話されている。同郷の者同士は出身地により、セブアノ語やイロカノ語など自分たちの地方語で会話し、他の地方出身者とは英語やフィリピノ語を使う。「地方語」とはいっても単語の意味はお互いに「外国語」ほど異なる。地方出身者にとって、フィリピノ語も外国語なのだ。

ただし、最近はフィリピノ語の普及が進んでおり、国民の9割ぐらいは聞いて理解できるという調査結果もあるぐらいだ。だから、普段の生活の場では、フィリピノ語がこれからますます重要になってくるだろう。

一方、フィリピンでは小学校から英語の授業がある。その上、アメリカンポップスに耳が慣れ、米国のテレビや映画などを字幕なしに見ているから、みんな英語に慣れている。

新聞も、フィリピノ語で書かれたタブロイド版がよく売れているが、ビジネスマンや学生などは日刊英字紙を数紙読み比べたりしているので、英語の理解力や知識量は相当なものだ。

また、商取引や契約などビジネスの場面では、英語を使うことがほとんど。だから、フィリピンで働くのであれば、やはり英語を使

いこなせるようになることが必要だろう。

フィリピン人は外国人に対しては英語で話をするのに困らない。しかし、普段の生活の会話はやはりフィリピノ語が主となる。

簡単に言えば、ビジネスは英語、日常の生活はフィリピノ語ということだろう。だから、フィリピンで生活を始める人には、まず英語を身に付けた上で、さらにフィリピノ語を学習することをお勧めする。フィリピン人と親密な交流を進めたいというのであれば、なおさらフィリピノ語の修得は不可欠だろう。

❷フィリピノ語を学ぶ

❶大学のフィリピノ語クラス

大学のフィリピノ語クラスに聴講生（Sit In）や特別学生（Special Student）として参加する方法がある。単位を修得する外国人留学生が出入国管理局から学生ビザを取って大学に正式登録するのとは異なり、単位を修得しない聴講生や特別学生の場合、学生ビザはなくてもよいが、同局から特別修学許可（Special Study Permit）を得る必要がある。

少し煩雑な手続きが必要だが、フィリピンの大学の雰囲気を知りたい人や本格的にフィリピノ語を勉強したい人にはよい方法だろう。

例えば、国立のフィリピン大学（首都圏ケソン市）や私立のデラサール大学（首都圏マニラ市）などでは、学期ごとに（6月学期と11月学期の年2回）特別学生を受け付けている。

国立フィリピン大学の場合、文学部のフィリピノ語学科が毎学期、基礎フィリピノ語コースを開講しており、夏期休暇中（3月～5月）には集中フィリピノ語コースも開講している。

基礎フィリピノ語の場合、週2回で1日1時間半のコースとなっ

ている。毎回10～15人の外国人学生が学んでいるが、韓国人学生や日本人学生が多い。

授業料は、外国人の場合、300ドルの教育開発基金（Educational Development Fund=EDF）と呼ばれる、いわば外国人税のようなものが要求されるが、その他は授業料（1単位あたり300ペソ）と雑費800ペソを支払うだけでよい。通常、1学期あたり、1万8,000ペソ（日本円で3万6,000円）ぐらいだろうか。

❷専門学校や語学スクール

クリスチャン・ランゲージ・スタディー・センター（CLSC）が代表的な語学スクールだ。もともと、フィリピンに赴任してきた米国人宣教師にタガログ語の他に地方言語（セブアノ語やイロカノ語など）も徹底的に仕込み、教授してきた機関だけに、個人レッスンを中心にして学習者の要求に何でも柔軟に応えてくれる。最近は英語コースもあり、ケソン市の本校とマカティ校の他にセブ校で学生を受け入れている。

フィリピノ語（タガログ語）コースには、初級コースと中級コース（前・後）、上級コースがある。授業料は、最初に登録費用300ペソと図書費用200ペソを支払ったあとは、1時間あたり180ペソ（同センター以外の場所で出張授業を行なう場合は、1時間あたり250ペソに加え講師の交通費1回50ペソが必要）を支払えばよい。

例えば、同センターで1回2時間の授業を週2回、1ヵ月に4週間受講すれば、最初の月には3,380ペソ（6,760円）、次の月からは2,880ペソ（5,760円）となる。

同センターでの授業は基本的に1対1なので、時間や場所も先生との相談で決められ、仕事の忙しい人にお勧めの学校だ。また独自の教材を使用し、文法の基礎などもしっかり教えてくれる。

語学専門学校は最近、増加傾向にあるようだ。フィリピン人に対して英語や日本語、ドイツ語やフランス語を教える学校はもちろん多いが、外国人にフィリピノ語を教えるクラスも増えてきている。

マカティ市やパシッグ市オルティガスなど商業地区に多いのが、ビジネスマンを対象にしている語学専門学校のグループレッスンだ。コースは全30時間ほど。基礎コースと上級コースからなり、週２回で１回２時間の授業。授業料は大体、4,000ペソ（8,000円）から6,000ペソ（１万2,000円）ぐらいだ。

語学専門学校では、欧米人から中国人、韓国人や日本人、インドネシア人など多国籍の人々が入り交じって学習するので、文法よりはコミュニケーションに力点が置かれているという。

❸カルチャーセンター

フィリピノ語講座を持っているカルチャーセンターとしては、マカティ市にある「日刊マニラ新聞カルチャーセンター」がある。フィリピノ語の初級と中級を開講しており、同センター内の教室で、随時生徒を募集している。

１コースは30時間で料金はグループレッスンの場合、１人5,000ペソ（日本円で１万円）。授業は、週に１回から２回の割合で、日本人講師による教科書を使った文法の修得が中心となっている。

❹個人レッスン

その他に、個人教授を頼んだり、日本人駐在員やその夫人たちの語学サークルに参加するという方法がある。マニラ首都圏在住の日本人女性たちで作る「フィリピンに学ぶ会」（フィリピカ）では、有志が定期的にフィリピノ語講座を開講し、フィリピン人の講師を招いて勉強している。また、人づてや語学学校の紹介で、個人教授を頼む方法もある。

個人教授の場合、励まし合って学ぶことが難しく、また、フィリピノ語の文法を英語で分かりやすく教えてくれる先生でないと、英語の授業かフィリピノ語の授業なのかが分からなくなってしまう。それなりの経験豊かな先生を紹介してもらう必要があるだろう。

【フィリピノ語能力検定テスト】

フィリピンには、英語のTOEFL(英語学力検定テスト)やTOEIC(国際コミュニケーション英語能力テスト)といった能力検定テストに相当するものはなく、それぞれの大学や専門学校の先生が独自に学生のフィリピノ語能力を測るテストを実施しているにすぎない。もし、自分のフィリピノ語能力を知りたいのであれば、このテストを受けるのがいいかもしれない。その場合、直接担当の先生と連絡を取り、テストの受けられる資格と手続きや料金について尋ねることになる。基本的に正式に授業を取った学生に限られるが、先生によっては外部の希望者にも有料でテストを行なっている。

【学生ビザ】

正式に学生として大学や専門学校の授業を取る場合には学生ビザを申請する必要があるが、そうではない場合は、観光ビザなどのままで出入国管理局から6ヵ月有効の特別修学許可を申請し取得すればOKだ。

普通、大学当局の学生課（留学生課）や登録課が手続きを代行してくれ、申請料金は4,000ペソ（8,000円）ほど。場合によってはこの許可の取得すら求めていない学校もある。

フィリピノ語講座を一般に開放している主な大学の学科やセンター、語学スクールの連絡先等をまとめて以下に紹介しよう。

【大学】

フィリピン大学文学部フィリピノ語学科
Department of Filipino, College of Arts and Letters, University of the Philippines
☎(02)924-4899

デラサール大学教育学部
Center for Language Studies, Department of Education, De La Salle University
☎(02)521-9345
＊1ヵ月単位で講座を開講。3週間で30時間の短期集中コース。授業料は3,610ペソ。但し、修学許可の取得が条件。

アテネオデマニラ大学
Ateneo Language Center, Ateneo de Manila University
☎(02)426-5662
＊希望に応じて講座を随時開講。授業料や時間などの条件については担当の先生と相談。同センター内で講座に参加する。

【語学専門学校】

Christian Language Study Center (CLSC)
フィリピノ語／セブアノ語／イロカノ語／英語
《本校》CLSC Bldg., 8 J. Abad Santos Street, Heroes Hills, 1104 Quezon City
☎(02)371-3590、920-0156、410-2783
《マカティ校》CLSC, Holy Trinity Cathedral, 48 McKinley Road, Forbes Park, Makati City
☎(02)757-0165　Fax.(02)817-8350
《セブ校》CLSC, #85 Osmena Blvd., Cebu City
☎(032)253-5181／7198　Fax.(032)254-1410

Asian Center for Foreign Languages
フィリピノ語／英語
1406-B West Tower, Philippine Stock Exchange Center (Tek-tite), Exchange Road, Ortigas Center, Pasig City
☎(02)637-3384, 633-0712　Fax.(02)633-0712
http://www.acflforeignlanguages.com
授業料；30時間で4,950ペソ（4～8人のグループレッスン）
＊パシッグ市の商業地区、オルティガスにある語学スクール。

Languages Internationale
フィリピノ語／英語
《マカティ校》
2F Languages Internationale Bldg., 926 Pasay Road, Makati City
☎(02)810-7765, 816-2461　Fax.(02)812-0494
《ケソン校》
＊アテネオデマニラ大学第3ゲート前
2F Torres Bldg., 321Katipunan Ave., Loyola Heights, Quezon City
☎(02)426-6930, 426-6931
授業料；30時間で6,000ペソ（グループレッスン), 2万4,000ペソ（個人授業).
＊最初にフィリピノ語の能力試験を受けて、結果により中級コースに参加することも可。

【カルチャーセンター】

日刊マニラ新聞カルチャーセンター（日刊マニラ新聞内）
フィリピノ語／英語
The Daily Manila Shimbun Culture Center
4 th Floor Montivar Building, 34 Jupiter corner Planet Streets, Bel-Air, Makati City
☎(02)897-5660

【その他の語学専門学校】

フランス語
Alliance Francaise de Manille
209 N. Garcia St., Makati city
☎(02)813-2681，893-1974，892-1768　Fax.(02)813-2636

ドイツ語
Goethe Institut（German Cultural Center）
687 Aurora Boulevard, Quezon City
☎(02)722-4671～73　Fax.(02)722-4673

スペイン語
Instituto Cervantes
2515 Leon Guinto cor. Estrada Sts., Malate, City of Manila
☎(02)526-1482～85　Fax.(02)526-1449

経済

「フィリピンで働いてみたい」と志すからには、就職活動と併せてフィリピンの経済がどのような現状にあるのかについてしっかりとした基礎知識を持つことが必要だ。

経済を知るには、その背景をなす政治や社会状況についての理解も欠かせない。日本の新聞、テレビなどメディアが伝える「フィリピン像」は必ずしも等身大のものではない。確かに、反政府勢力と軍との戦闘、マニラ首都圏などでの無差別爆破テロ、誘拐の多発、政情不安、そして日本人が被害者となる殺人、強盗、詐欺事件などは後を絶たず、「治安の悪い国」とのイメージは増幅している。だが、現実に暮らし、働いてみての実感はきっと異なるはず。この国の人々の気質を知り、社会の成り立ちを知るための手段の１つとなることを念頭に置き、「フィリピン経済の過去と現在」について、できるだけ平易に解説してみた。

❶援助への依存

フィリピン経済の特色はまず、国の財政が先進国や国際機関からの援助に大きく依存していることである。1989年から世界銀行が議長役となりほぼ年次で、「フィリピン支援国会合」が開かれている。

近年はフィリピン側の財政破綻で援助事業の進捗が遅延しており、金額は減少基調にあるが、かつては20億ドル～35億ドル規模の開発援助（ODA）供与が毎年のように誓約されてきた。

返済の必要のない無償援助の割合より、有償援助の比率の方が大

路上の新聞売り(マカティ市)

きい。つまり、道路、橋、港湾、空港、上下水道といった社会の基盤(インフラ)整備のために毎年多額の借金を続けているのである。

2001年2月末現在、増加するばかりの政府債務の総額は約2兆2,000万ペソに達した。そのうち、48.2%が対外債務であり、年間7000億ペソ規模の政府予算額をはるかに上回っているのが実情だ。

先進国からの援助の目的は、いうまでもなく貧困の緩和、民生の向上のためにある。フィリピン全世帯の過半数が日本円にして年収20万円にも満たない貧困層に属するとされる。したがって、ODAは医療・衛生サービス、学校などの教育施設、公営住宅の建設など、直接に民生に向けられるものと、製造業や農水産業振興のための産業基盤整備を進め、結果的に雇用促進と所得向上を図るものとに大別される。金額的には後者が大半を占めている。

ところが、せっかくの援助が効果的に利用されてきたとは必ずしも言えない。政府の財政は「借金漬け」であり、歳出の半分近くがその元利返済に充てられている。近年は財政赤字幅が年間1000億ペソ以上に膨らみ、再び国家破産の危機に瀕した。

エストラダ前大統領

援助のあり方にも多々問題はあり、より効率的なシステム構築が目指されるべきである。ODAが、産業の振興と高度化、雇用促進と所得向上に十分に生かされ続けていたならば、税収が大幅に増加して財政危機は回避できたはずである。

この問題の根底には、エストラダ前政権（1998～2001年）崩壊を招いた根深い政治腐敗、汚職体質の蔓延があり、世界銀行や国際通貨基金（IMF）は援助の有効活用に向けた監視体制作りを本格的に検討し始めている。

❷外資導入

フィリピン経済のもう１つの特徴は、世界規模で進む市場開放・自由化の流れに呼応し、先進国などからの直接投資を積極的に促していることである。つまり、外国資本の導入を柱にして経済を活性

化させようというのが基本政策となっている。この政策は、もちろん援助依存策と一体となったものだ。

外資を積極導入して産業を振興させるには、電力供給、通信施設、空港、港湾、道路、倉庫などインフラ整備を充実させた上で、自由貿易区、保税地区を設け、投資家に所得税免除などさまざまな優遇策を付与する工業団地の設置が不可欠だからである。

実際、フィリピンは近隣各国との間で外資誘致をめぐり激しい競争にさらされている。

さて、現代フィリピンの政治、経済の流れを見ると、マルコス元大統領を追放した1986年のアキノ政変が大きな転換点をなしている。

約20年続いたマルコス独裁体制により、「世界の成長センター」と称されるようになった近隣の東アジア、東南アジア諸国に比べ、フィリピンは大きく出遅れてしまった。

アキノ政権下(1986～92年)での民主化、改革政策の促進に向け、日米をはじめとする先進国や世界銀行、アジア開発銀行などは前記「フィリピン支援国会合」を組織し、新たな支援体制作りに乗り出した。

外資導入は後継のラモス政権下（1992～98年）で本格的に促進されたが、アキノ政権はその「受け皿」作りを担ったと言える。

レーガン米政権（当時）が1988年の先進国首脳会議（トロント・サミット）で提唱した対比多国間援助構想（MAI）を受け、日本政府はこの「受け皿」作りに向け資金面で最大の役割を果たした。以降、対比援助では日本からのODAが全体の半分をカバーし続け、当初、資金はマニラ首都圏周辺の産業基盤整備に集中的に注がれた。

この結果、1990年代半ば近くなり、ようやく日系企業の進出ラッシュが起こったのである。

「アジアの病人」と揶揄されていたフィリピンは、ラモス政権下で経済飛躍に向けて一定の成果を収めた。ラモス大統領（当時）とその周辺は「アジアのニュータイガー」としてフィリピン再生のイメージを内外に演出し、経済は成長の安定軌道に乗り始めた。これ

マカティ市アヤラセンターのショッピングモール

を土台で支えたのが、日本政府の援助と日系企業の積極的な投資、進出だった。

❸カラバルソン開発

「カラバルソン」の名称は、マニラ首都圏周辺のカビテ州、ラグナ州、バタンガス州、ケソン州のイニシャルに由来する。MAIに従い、最大の対比援助国・日本のODAはこの地区の産業基盤開発に重点的に配分され、1990年代に入ると次々と外資誘致のための工業団地が造成されていった。入居したのはほとんどが日系企業である。

その後、マニラ北方の旧米軍基地跡のスービック、クラークの広大な敷地も政府直轄のインダストリアルパークへと変貌しており、これに隣接するタルラック州などでも日系企業誘致を目的とした工

業団地が造成された。また、リゾート地としても有名なセブも首都圏に次ぐ第2の拠点としてエコゾーン（経済特別区）などの設置が進み、日系企業が多数進出している。

一方、タイ、マレーシアなど近隣諸国では、1980年代に既に日系企業の進出ラッシュが始まった。70年代に台頭したアジア新興工業地域（NIES)、あるいは「4つの小ドラゴン」と称された韓国、台湾、香港、シンガポールを追いかける形で、目覚ましい経済成長を遂げていった。

さらに、鄧小平体制下の中国が1978年、「改革・開放」政策へと踏み切り、東アジア地域が「世界の成長センター」へと飛翔する大きな弾みとなった。先頭ランナーが日本企業であり、その対アジア投資が全体の牽引車となった。

主要企業は製造コスト削減と効率化のため、競ってアジアでの域内分業体制確立を図り、世界市場で欧米企業と激烈なサバイバル合戦を展開した。カラバルソン開発は、遅れていたフィリピンがようやくこのトレンドの枠内に仲間入りしたことを意味する。

❹改革の挫折

ラモス元大統領は1992年6月の就任直後、非常大権を発動してアキノ政権末期から続いていた電力危機を克服した。続いて、「電話敷設は寝て待つしかない」と皮肉られたフィリピン長距離電話会社（PLDT）による独占の弊害を打破する通信市場の自由化を断行したのを皮切りに、公営事業の民営化、外国投資法の改正など改革政策が次々と実施された。

さらに、経済特別区（エコゾーン）の認可を所管するフィリピン経済区庁（PEZA）が設置されるとともに、カラバルソン開発などが進み外資導入の条件が着実に整備されていった。

1995年から96年にかけて実質経済成長率は年７％に迫る勢いを見せ、フィリピンの対外イメージは著しく好転し始めたのである。

その象徴となったのが96年11月、初めてマニラで開催されたアジア太平洋経済協力会議（APEC）首脳会議だった。日本の橋本首相、クリントン米大統領（いずれも当時）などアジア・太平洋地域の20ヵ国余りの首脳が参加し、フィリピンが議長役を務めた。貿易、投資など地域経済のさらなる自由化を主要議題とする会議開催の直前には、長年の懸案だったイスラム教徒反政府勢力の最大グループ、モロ民族解放戦線（MNLF）との和平合意を達成した。

米ニューズウイーク誌はAPECサミット開催に当たり、「フィリピンはもはや（世界の）“物笑いの種ではない”」との特集記事を掲載した。長い間、外からの冷たい視線にさらされてきたフィリピンの人々が面子には極めて敏感に反応することを踏まえた巧みな演出であった。鬱屈した人々の心に光が差し込み始めたかに見えた。

ところが、97年７月、タイ通貨・バーツ暴落に端を発したアジア通貨危機が発生、それは東アジア地域全体を覆う経済危機へと進展していった。これに追い討ちをかけたのが、汚職とスキャンダルにまみれ2001年１月に任期半ばで退陣したエストラダ前大統領の就任だった。フィリピン経済は再び迷走状態に陥った。

ようやく回復基調へと転じ始めた99年以降、東南アジア諸国連合（ASEAN）加盟10ヵ国はASEAN自由貿易圏（AFTA）形成を核とした経済統合の動きを加速させるなど、結束強化に動いている。

経済危機の再発回避と、時間の問題となった中国の世界貿易機関（WTO）加盟が決定的な促進要因である。

エコノミストや多国籍企業トップらは、口をそろえて「今後ASEANは中国との熾烈な競争にさらされる」と予測しており、ASEAN各国、とりわけリーダー格のシンガポール、タイ、マレーシアは、同じく原加盟５ヵ国の１つフィリピンが再び落ちこぼれるのを冷笑しているわけにはいかないのである。

経済成長著しい隣国マレーシアは今や、大半のマクロ経済指標で

アロヨ大統領

かつてASEAN経済をリードしたタイのそれを凌駕するようになった。マハティール首相はアロヨ新政権の経済立て直しに全面協力する意向を表明した。

マレーシアの政府高官らは「アキノ・ラモス両政権による12年にわたる改革路線は、腐敗と混乱の巣と化したエストラダ政権で挫折した。人口1億人に迫ろうとする魅力ある市場でもある隣国の苦悩は放置できない。フィリピンの再生は我々の利害そのものである」と語っている。

これを受け、エストラダ前大統領を事実上追放して成立したアロヨ現政権は日米欧など先進国だけでなく、オーストラリア、ニュージーランドを含めた近隣諸国との協調を以前にも増して重視する姿勢を打ち出している。

❺ITで脚光

日系企業をはじめとする外国企業が今後、フィリピンを投資先としてどう見ているかについて、毎年各種の調査結果が公表されている。ASEAN10ヵ国に中国やインドなど南アジア諸国を含めても、フィリピンは決して下位にランクされることはなく、総じて中位をキープしている。

一般労働者をも含めて抜群と言える英語力、手先の器用さ、楽天的な性格など、積極面を評価している投資家は多い。「辛抱強くきちんと訓練すれば日本企業の風土にもなじんでもらえる」との意見が主流と言える。

現在､投資面でも最大勢力である日系企業が熱くなっているのは､日本国内で大量に不足している情報技術（IT）関連の技術者確保である。コンピューター・ソフト分野で、フィリピン技術者への評価はインド、中国、台湾などと並んで高い。英語力を加えると、インドとともに最大評価を受けている。

日本政府は2005年までに約3万人の外国人IT技術者が日本国内で必要となるとしているが、先進各国はフィリピンで人材確保にしのぎをけずっている。優秀な人材ほど米国志向が強く、彼らの目をどう日本へと向けさせるかが日本の官民を挙げての目標となっている。

こんな中、日本の若年層を中心に

・フィリピン現地で教育機関を含めたITベンチャー企業を立ち上げる。

・現地スタッフに各種インターネット・サービス、企業のラン構築などでオンザジョップ・トレーニングを実施する。

・日本語習得を含め訓練した人材を日本の優良企業に派遣する。

などのビジネスを試みようとする動きが出始めている。

一方、大手IT企業のある現地法人は「当分、年間に最低フィリピン人技術者を500人は採用していきたい」と話している。今後フィリピンのIT産業がどう発展するかは、日系企業、現地ベンチャーを志す邦人らにとって最大の関心事となりつつある。

❻課題と展望

しかし、上述したように最近のフィリピン経済の落ち込みで進出済み日系企業は、一時的にせよ日本からの派遣社員を削減する傾向にある。代替措置として邦人を現地採用する動きも見られる。しかも、日本経済は1990年代初めのバブル経済崩壊後の長期低迷から脱しきれないでいる。

景気の本格回復への手がかりがなかなか得られない中、日本企業の対比投資は最近、目に見えてブレーキがかかり始めた。米国の景気後退と並んでフィリピン経済に暗い影を落としている。

1990年代の半ばから、日系企業の進出による半導体・電子部品などハイテク製品の生産が進み、これが輸出のリード役に躍り出ている。昨今では輸出総額の７割を占めるまでに至った。

だが、輸入した中間品をエコゾーンなどで廉価な労働力を利用して輸出用に最終組み立てしているケースが大半であり、フィリピン側にもたらす付加価値は低い。産業の実態は、本格工業化にはほど遠く、中小の製造業を中心とした産業の足腰といえる裾野分野の育成が最大の課題である。

着実な雇用拡大と技術移転をもたらすはずのこの課題達成でも、日本の官民に大きな期待が寄せられている。しかし、その道のりは険しく、遠いと言える。

フィリピン経済を「花見酒」にたとえた経済学者がいる。それは一夜の花見の宴に手持ちの金を使い果たし、フローする金が何らス

トックした形で残されない状況を指している。

このような傾向は、上記のように製造業、モノ作り、工業関連の技術習得が重視されることなく、卸・小売業を中心とする流通分野、高利貸しを含む金融分野、飲食業、エンターテイメント業を含むサービス分野に偏した脆弱な経済構造を生んでしまった。

さらに、有名無実化する農地改革、これを生んでいる農産物流通業者を兼ねる高利貸し資本の農民支配、アジア各国の中では最低レベルにまで競争力が低下し、輸入国に転落した農業分野、農漁村部を中心とする貧困層の都市部への大量流入とスラム形成、犯罪の多発など一次産業の現状とそれに起因する問題も極めて深刻である。

この国の経済は、極論すると、1970年代以来、政府が仲介、斡旋して派遣されている海外出稼ぎ者（OFW）が支えている。年間の公式送金額は近年では70億ドル程度とされ、地下送金を含めると100億ドルは優に超えていると見られる。現行の為替レートで換算すると、5000億ペソは大きく上回るはずである。

今や、マルコス政権時代に唱えられた「経済苦境に直面しての一時しのぎ」ではなくなった。「❶援助への依存」の項で触れたように、債務返済に歳出のほぼ半分を費やす破綻状態の国家財政に代わり、OFW からの送金が国民経済の屋台骨をなしているのである。

どこの大型小売店舗、有名ファーストフード店をのぞいても、ウイークデーでさえ客で溢れかえっている。あるコラムニストは「海外からの巨額な送金は、旧宗主国・米国が残してくれた国民の過剰消費性向を刺激するばかりである。常夏の国。冷房の効いた快適なショッピングセンターなどへと人々は押しかける。旺盛な消費欲は瞬く間に財布を空にする」と辛らつに批評した。

総じて人々の関心は、外に向いている。米国をはじめとする欧米先進国への頭脳流出が続き、それが還流する例は皆無に近い。

とにかく、治安改善と政情安定の実現が最優先事項である。その上でまず、「モノ作り」を尊重し、フローに偏重した経済からストックを重視した経済へと構造転換していくしか道は開けないであろ

う。フィリピン経済を確実に上昇軌道に乗せるための選択肢は限られていると言える。

マニラ首都圏のホテルリスト

ホテルの宿泊料金は2001年７月現在の公示料金。ベッドはシングル、ダブル両方ある。また、下記料金には、税金、サービス料が含まれない場合もある。詳しくは直接、ホテルに問い合わせていただきたい。

なお、ホテルと提携している旅行代理店を通すと特別割引料金で宿泊できることもある（代理店リスト参照）。

【マカティ市の高級ホテル】

Dusit Hotel Nikko
☎(02)867-3333　Fax. 867-3888
Ayala Center, EDSA cor. Pasay Road, Makati City
宿泊料金：260ドル～

Inter-Continental Manila
☎(02)815-9711　Fax. 817-1330
1 Ayala Avenue, 1226 Makati City
宿泊料金：215ドル～

Mandarin Oriental Manila
☎(02)750-8888　Fax. 817-2472
Paseo de Roxas cor. Makati Avenue,
宿泊料金：310ドル～

New World Renaissance Hotel
☎(02)811-6888　Fax. 811-6777

Esperanza St. corner Makati Ave., Makati City
宿泊料金：250ドル～

Shangri-La Hotel Manila
☎(02)813-8888　Fax. 813-5499
Ayala Ave. cor. Makati Ave., Makati City
宿泊料金：260ドル～

Peninsula Manila
☎(02)812-3456, 810-3456, 887-2888
Fax. 815-4825, 815-3402
Ayala Ave. cor. Makati Ave., Makati City
宿泊料金：240ドル～

【マカティ市のお手頃料金ホテル】
Century Citadel Inn
☎(02)897-2370, 750-8693　Fax. 897-2666
#5007 P. Burgos St., Makati City
宿泊料金：1,920ペソ～

Charter House
☎(02)817-6001 to 16　Fax. 817-7071
114 Legaspi St., Legaspi Village, Makati City
宿泊料金：1,980ペソ～

Charter House 2
☎(02)812-7821 to 25
906 Pasay Road, Makati City
宿泊料金：1,200ペソ～

City Garden Hotel Makati
☎(02)899-1111，899-1398　Fax．899-1415
Makati cor. Kalayaan Ave., Makati City
E-mail : ctgarden.mkt@pacific.net.ph
宿泊料金：1,900ペソ～

El Cielito Inn
☎(02)815-8951 to 54　Fax817-9610
804 Pasay Road, Makati City
宿泊料金：1,238ペソ～

Fersal Apartelle Tourist Inn
☎(02)897-9123，911-2161
Fax．913-6078，897-9107
107 Neptune St., Makati City
宿泊料金：950ペソ～

Millennium Plaza Hotel Makati
☎(02)899-4718，899-4747　Fax．899-4746
Makati Ave. corner Eduque St., Makati City
宿泊料金：3,020ペソ～

Robelle House
4402 Valdez St., off. Makati Avenue, Makati City
☎(02)899-8209 to 13，899-8061　Fax．899-8064
宿泊料金：650ペソ～

Robelle Mansion
☎(02)899-7388　Fax．899-7390
＃877 J. P. Rizal St., Makati City
宿泊料金：1,050ペソ～

Tower Inn Business Hotel
☎(02)888-5170, 843-3325　Fax. 843-4837
1002 Arnaiz Avenue (Pasay Road), Makati City
宿泊料金：1,900ペソ～

Travellers Inn
☎(02)896-7994, 895-7061 to 71, 895-2104　Fax. 896-2144
7880 Makati Ave. cor. Dapo St., Bel-Air, Makati City
宿泊料金：1,800ペソ～

Vacation Hotel Makati
☎(02)843-7936 to 39　Fax. 818-7756
Jacinta Bldg., 914 Pasay Road, San Lorenzo Village, Makati City
宿泊料金：1,440ペソ～

【マニラ・パサイ市の高級ホテル】
Century Park Hotel
☎(02)528-8888　Fax. 528-1811, 528-1812
599 P. Ocampo corner M. Adriatico Sts., Malate, City of Manila
宿泊料金：210ドル～

Heritage Hotel
☎(02)854-8888　Fax. 854-8833
Roxas Blvd. corner EDSA Ext., Pasay City
宿泊料金：220ドル～

Hyatt Regency Manila
☎(02)833-1234　Fax. 833-5913
2702 Roxas Boulevard, Pasay City
宿泊料金：160ドル～

Manila Diamond Hotel
☎(02)526-2211　Fax.　526-2255／0384,
522-6061，764-2211
Roxas Blvd. corner Dr. J. Quintos St., Ermita, City of Manila
宿泊料金：240ドル～

Manila Hotel
☎(02)527-0011　Fax.　527-0022～24
One Rizal Park, City of Manila
宿泊料金：200ドル～

Pan Pacific Manila
☎(02)536-0788　Fax.　536-6220
M. Adriatico corner Gen. Malvar Sts., Malate, City of Manila
宿泊料金：190ドル～

Westin Philippine Plaza
☎(02)551-5555　Fax.　551-5610～11
CCP Complex, Roxas Blvd., Pasay City
宿泊料金：225ドル～

【マニラ市内のペンション】
＊マニラの中心部にあり学生に人気がある安宿。

Malate Pensionne
☎(02)523-8304 to 06　Fax.　522-2389，338-1819
1771 M. Adriatico St., Malate, City of Manila
宿泊料金：個室（エアコンあり）1,050ペソ、（エアコンなし）550ペソ

Pension Natividad
☎(02)521-0524，526-0992，524-0811

Fax. 522-3759
1690 M.H. del Pilar St., Malate, City of Manila
宿泊料金：個室（エアコンあり）900ペソ、（エアコンなし）650ペソ

【ケソン市のフィリピン大学構内のホステル】
＊キャンパス内にあり空気もきれい。
PCED Hostel
☎(02)926-1993　Fax926-1936
Pook Diego Silang, UP Campus, Diliman, Quezon City
宿泊料金：個室（エアコンあり）850ペソ

【日本人のいる旅行代理店】
ディスカバリーツアー
Discovery Tours
301 Sagittarius Bldg., H.V. Dela Costa St., Salcedo Village, Makati City
☎(02)818-7716　Fax. 817-4617

フレンドシップツアーズ
Friendship Tours
Dusit Hotel Nikko 3 F, Ayala Center, Makati City
☎(02)894-1124, 893-0291, 840-1060
Fax. 818-8978

ユニバーサルホリデイズ
Universal Holidays, Inc. (UHI)
Mez. Floor, Dusit Hotel Nikko, Ayala Center, Makati City
☎(02)840-2373／2374／3751／3752, 893-8476
Fax. 819-0097, 840-3756

関係機関

在フィリピン日本国大使館　Embassy of Japan
2627 Roxas Boulevard, Pasay City
☎(02)551-5710(代表)　Fax.(02)551-5780
受付時間：午前８時30分～午後５時30分（但し、人命に関わる緊急案件については24時間体制で対応する）
【領事部】
日本語の直通電話　(02)834-7508
英語の直通電話　(02)834-7514
＊電話をかけるとメッセージが流れ、指定された１から４までの番号を押すと、各業務の担当職員に接続される。１は査証、２は旅券、各種証明書、国際結婚、３は日系人、４は旅券紛失などの事故。
受付時間：午前８時30分～午後12時30分、午後２時～午後５時30分
【邦人援護ホットライン】
☎(02)551-5786(業務内容に関わる一般的な照会は代表番号に)
受付時間：午前８時30分～午後５時30分
【旅券・証明・戸籍・国籍・在外選挙関係窓口】
月曜日～金曜日（祝祭日を除く）
申請時間：午前８時40分～正午、午後２時～午後４時
交付時間：午前10時～正午、午後２時～午後３時
【大使館ホームページ】
http://www.embjapan.ph/（英語・一部日本語）
領事部ホームページ　http://www.mofa.go.jp/mofaj/link/kokan/a_phil/index.html

一般渡航者向けホームページ http://www.mofa.go.jp/pubanzen
海外進出企業向けホームページ　http://www.mofa.go.jp/kigyoanzen

在セブ駐在官事務所　Consulate of Japan in Cebu
☎(032)255-0287／0289　Fax.(032)255-0288
12F Metrobank Plaza, Fuente Osmena Blvd., Cebu City

在ダバオ駐在官事務所　Consulate of Japan in Davao
☎(082)221-3100/3200　Fax.(082)221-2176
Suite B 305 3F Plaza De Luisa Complex, 140 Ramon Magsaysay Ave., Davao City

マニラ日本人学校　Manila Japanese School（MJS）
☎(02)840-1424～27、840-1596　Fax.(02)840-1601
小学部と中学部に分かれており、登下校時はスクールバスを利用することができる。入学金は小学部、中学部ともに１万5,000ペソ。授業料は、小学部4,700ペソ（月額）、中学部5,000ペソ（月額）。この他に、施設費（月3,200ペソ）やPTA会費等が加わる。教材費は各学年で異なる。（2001年５月現在）
University Park, Fort Bonifacio Global City, Taguig, Metro Manila
http://www.mjs.org.ph/index.htm

フィリピン日本人商工会議所　The Japanese Chamber of Commerce & Industry of the Philippines, Inc.（JCCI）
1973年11月に設立された非営利団体。フィリピンに進出している会員企業相互の親睦を図るとともに、企業の円滑な活動のため、各種情報提供活動を行なう。また、経営上の障害となって

いる事柄に対して協力して解決に当たっている。2001年3月現在の会員数は、計471（法人449、個人10、賛助12）。
☎(02)816-6877、892-3233　Fax.(02)815-0317
22nd Floor, Trident Tower, 312 Sen Gil Puyat Avenue, Salcedo Village, Makati City
E-mail : jccipi@jccipi.com.ph　http : //www.jccipi.com.ph/

国際協力事業団(JICA)フィリピン事務所　Japan International Cooperation Agency Philippine Office
☎(02)893-3081～88　Fax.(02)816-4222
12/F Pacific Star Bldg., cor. Sen. Gil J. Puyat and Makati Aves., Makati City
http : //www.jica.org.ph/（英語のみ）

国際交流基金マニラ事務所　The Japan Foundation Manila Office
1996年に開設され、文化交流による日比関係の向上に努めている。毎年2月中旬から行なわれる日比友好祭では、日本映画の上映や日本語スピーチコンテストなどの人気イベントを企画している。
☎(02)811-6155～58　Fax.(02)811-6153
12/F Pacific Star Bldg., cor. Sen. Gil J. Puyat and Makati Aves., Makati City
http : //www.jfmo.org.ph/（英語のみ）

日本貿易振興機構(ジェトロ)マニラセンター　JETRO, Manila
☎(02)892-4373/4376/4359、893-4651、817-4631　Fax.(02)818-7490
44/F Philamlife Tower, 8767 Paseo de Roxas, Makati City
http : //www.netasia.net/users/prs/Jetro-HP/index.htm（英語・一部日本語）

国際協力銀行　Japan Bank for International Corporation
☎(02)848-1828､752-5682　Fax. (02)848-1833～35
31st/F Citibank Tower, Valero St. corner Villar St., Makati City
http://www.jbic.go.jp/index.html（英語・日本語）

アジア開発銀行　Asian Development Bank
☎(02)632-4444　Fax. (02)636-2444
6 ADB Avenue, Mandaluyong City
http://www.adb.org/（英語のみ）

フィリピン観光省　Department of Tourism
☎(02)524-1703，524-2384　Fax.(02)524-7103
旅行者への観光案内・相談窓口　☎525-6114，525-7082

在日フィリピン大使館　Embassy of the Philippines
☎(03)5562-1600　Fax.(03)5562-1603
〒106-8537　東京都港区六本木５―15―５（地下鉄日比谷線六本木駅３番出口より徒歩10分）

大阪領事部　Philippine Consulate in Osaka
☎(06)6910-7881～83
〒540-0038　大阪市中央区淡路町２―３―７アドバンシティ101

フィリピンをよく知るためのおすすめ本

民衆（上）（下）◉F・ショニール・ホセ　山本まつよ訳◉現代フィリピンの青春群像をこれだけ鮮やかに描ききった小説はないでしょう。（1991年、めこん）

マニラ——光る爪◉エドガルド・M・レイエス　寺見元恵訳◉リノ・ブロッカが映画化して評判を呼んだタガログ文学の名作。血と汗の匂いがする傑作です。（1981年、めこん）

七〇年代◉ルアールハティ・バウティスタ　桝谷哲訳◉１人の平凡な主婦が社会的政治的に目覚める過程がすごく説得力をもって描かれた小説。（1993年、めこん）

仮面の群れ◉F・ショニール・ホセ　山本まつよ訳◉イロカノの貧しい青年がフィリピンの上流社会でなりあがり、傷つき倒れていく姿をドラマチックに描いたフィリピン現代文学の代表作。（1984年、めこん）

フィリピンの大衆文化◉寺見元恵編・監訳◉映画、演劇からマンガ、ラジオ・食べ物・賭けまで、社会学者たちの軽妙なエッセイ集。フィリピンの魅力のもとはこのへんですね。（1992年、めこん）

東南アジア史２◉池端雪浦編◉通史ならこの１冊でしょう。当然読んでおくべき本です。（1999年、山川出版社）

現代フィリピンの政治と社会——マルコス戒厳令体制を超えて◉デイビッド・ワーフェル　大野拓司訳◉ちょっと難しいけれど、やはりマルコス時代のことはまとめておく必要が。（1997年、明石書店）

マニラウォッチング——素顔のフィリピン◉藪野正樹◉フィリピン社会のおもしろさを実感として伝えるエッセイ風の作品はこれが最初か。（1986年、論創社）

フィリピン・インサイドレポート◉ローレン・レガルダ　篠沢純太・篠沢ハーミ訳◉フィリピンTV界の人気キャスターのルポ。そんなに深くはないがフィリピンの様々な顔が見える（1998年、めこん）

ぼくはいつも隠れていた◉レイ・ベントゥーラ　松本剛史訳◉日本での不法就労体験記。（1993年、草思社）